《艺术之约》（美术卷）

主 编/音 渭 林 锜

艺术之约

Cezanne

塞尚

林锜　钱芳　编著

山西出版传媒集团
山西教育出版社

图书在版编目（CIP）数据

塞尚 / 音渭，林锜主编 ；林锜，钱芳编著. -- 太原 :山西教育出版社，2015.9

（艺术之约）

ISBN 978-7-5440-6146-9

Ⅰ.①塞… Ⅱ.①音… ②林… ③钱… Ⅲ.①塞尚，P.（1839-1906）-传记 Ⅳ.①K835.655.72

中国版本图书馆CIP数据核字(2015)第054128号

艺术之约·塞尚

（YISHU ZHI YUE SAISHANG）

音渭、林锜　主编　林锜、钱芳　编著

出 品 人　雷俊林

策 划 人　孙　轶　魏雪萍

责任编辑　霍　艳

装帧设计　王春声

出版发行　山西出版传媒集团·山西教育出版社

（地址：太原市水西门街馒头巷7号　电话：0351-4729801　邮编：030002）

印　　装　山西臣功印刷包装有限公司

开　　本　889×1194　1/32

印　　张　5.375

字　　数　116千字

版　　次　2015年9月第1版　2015年9月山西第1次印刷

书　　号　ISBN 978-7-5440-6146-9

定　　价　28.90元

来赴一场艺术之约

（代序）

绘画是人类天生的艺术。人们从孩提时代，便懂得用简单的线条勾勒眼中的世界。

好花不长开，好景不长在，有人却能用画笔将一刹那定格成永恒；平凡的事，平凡的物，有人却能带人们发现它的美好，赋予其新的生命；有形的景，无形的情，有人却能将情感挥洒成动人心魄的色彩，唤起深深的共鸣。

这样的作品，这样的人，都是我们耳熟能详的。它们永恒地铭刻在人类文明史上，深植入我们的头脑，构成我们基本的常识。这套书，便是一封跨越世纪的邀请函，翻开它，来赴一场艺术之约。

它讲的是美术家的人生，同时用人生的河流串起每一处绝妙的风景，也就是他们的作品。他们的生命从哪里开始，他们有怎样的家庭、怎样的童年、怎样的爱情、怎样的病痛，又怎样成长、怎样探索、怎样谋生，那些伟大的作品又是在什么情况下诞生……你会在这里一一找到答案。

他们其实不是艺术圣坛上那一张张用来膜拜的画像，而是跟我们每个人一样，有血有肉，有哀有乐。米勒有一个温暖快乐的童年；雷诺阿生了一个成为20世纪著名导演的儿子；高更最先是一位从事金融业、收入丰厚的绘画“票友”；梵高直到生命的最后一年才卖出一幅画；毕加索情人无数，80岁时还迎娶了35岁的妻子；蒙克一生在亲人去世、病痛、烟酒、精神癫狂中度过，却活到81岁高龄……每一幅经典画作，不再是展览墙上的木框，而是与鲜活的生命相联系。你从未如此真切地感受那些线条与色彩是由怎样的双手来勾勒。

当这许多位美术家汇集到一起，又串起了一部美术史，他们是美术史的链条上最璀璨的珍珠。每一本书都不是孤立的，而是互相呼应，他们是自己的传主，同时又是其他传主的背景。有时，几位名家同时出现或前后承接，你会发现他们在时间和空间上竟如此相近。你仿佛徜徉在巴黎的卢浮宫，漫步在枫丹白露森林，沉浸在浓厚的艺术氛围中。你看到他们在塞纳河畔背着画夹写生，在学院的画室研究着比例与笔法，在街角烟雾缭绕的酒馆进行着思想的争鸣，在为参加各种沙龙而忙着选画、贴标签、装箱、布展……

你的美术素养不再停留在知道几幅画作、几个名字上，你与艺术的联系更加紧密。你会在一场美术展览中关注画作的派别和技巧，你会在子女接受美术教育时找出最经典的画作，你会在某个地方旅行时说出哪位美术家曾与你走过同一段路。

更重要的——你会更加深刻地感受到艺术的美好。面对安格尔的《泉》，你是否为少女洁白自然的胴体而赞叹？面对米勒的《晚钟》，你是否为农民的虔诚、宁静、纯洁而感动？面对雷诺阿的《煎饼磨坊的舞会》，你是否听到阳光在树叶的空隙中欢跃喧闹？面对梵高的《向日葵》，你的双眼是否被那火焰般的明亮点燃？

林　锜

2015 年 6 月于北京

目　录

第1章：恰同学少年

被称为“现代绘画之父”的法国画家保罗·塞尚出生于1839年1月。作为绘画革命的先行者，他的一生基本上是在屈辱和孤寂中度过的。他特立独行、桀骜不驯的绘画风格饱受当时的保守派的批评，他也为此付出了巨大的代价，但他从未妥协过。他毕生都在奋斗，用颜料来表现他的艺术观念，用色彩让世界充满梦幻，并最终取得了巨大的成功。如今，西方艺术界将塞尚、高更、凡·高并称为“后印象派三杰”，“三杰”中对塞尚的评价又最高。著名绘画大师毕加索就曾说过：“塞尚是我唯一的老师。”

2012年，卡塔尔王室以1.6亿英镑（时值16亿元人民币）的天价买下了塞尚最为挚爱的作品之一《玩纸牌者》，创下了艺术品出售史上的最高纪录，也从另一个角度证明了后人对塞尚艺术作品的认可。

现在，让我们回到本书主人公保罗·塞尚的少年时代。

法国发行的塞尚纪念封

法国发行的左拉纪念封

在塞尚少年时期的读书生涯里，少不了一个人的身影，那就是同样在人类历史上留下浓厚一笔的法国现实主义作家埃米尔·左拉。

1852 年，作为同一期的寄宿生，13 岁的塞尚与小他一岁的左拉相识于法国普罗旺斯州一个名叫埃克斯的小镇。这个小镇风景如画，塞尚与左拉进入了这里的同一所中学。在学校里，身材瘦小还偏偏高度近视的左拉常常受到同学欺负，于是身材魁梧结实的塞尚义不容辞地担当起了保护左拉的任务，两人充满传奇色彩的友谊和激情与矛盾的一生也由此展开。

左拉的父亲是一名意大利工程师，原本全家居住在巴黎，但在左拉出生后不久，由于工作需要，举家从巴黎迁到了埃克斯。可是来到埃克斯没多久，左拉的父亲就去世了，留下年轻的母亲和嗷嗷待哺的孩子，他们仅有的一点儿财产也因为接连不断的诉讼而消失殆尽了。从此以后，左拉和他的母亲过着非常艰苦的生活。

与左拉相反，塞尚是个富家子弟，被人们视作有着意大利血统的孩子，这是因为他的祖先居住于法国和意大利交界的一个小城市，不过后来移居到埃克斯。塞尚的父亲——路易·奥古斯特·塞尚，因为做帽子生意发了财。在其50岁时，生意更是做到高峰，获得了埃克斯唯一的银行经营权，成了银行家，家境富裕，但因为身份低微而一直得不到当地上流社会的认可。

在富有的银行家之子塞尚和穷苦出身的左拉的交往过程中，不久加入了第三个小伙伴——未来的工程师巴蒂斯廷·巴耶。这三个小伙伴因为感情深厚，被同学们取了个绰号，叫作“不诀别的伙伴”。

埃克斯广场上的塞尚雕像

他们三个人都坚信自己一定会成为诗人。比如左拉写信给塞尚说："我们都富有希望，我们的青春，我们的梦都相同。"不仅如此，他们还坚信自己被命运赋予了伟大的、非凡的生活。左拉对巴耶说："我们探索的东西是心灵和精神的财富，尤其是看到了闪动着青春光辉的未来。"

他们热衷于对各种艺术的研究，探讨自己所关心的一切。左拉喜欢写诗，常常把自己的新作读给朋友们听。他也很欣赏塞尚，认为塞尚的诗比自己的更有特色。这三个有着梦想的少年，有激情，易冲动，而三人之中情绪波动最大的就是塞尚。他很容易为了一件小事而怒发冲冠，但是过一会儿又会像没事儿人一样平心静气，这种敏感脆弱的性格使左拉和巴耶非常担心。事实证明，这种担心是有道理的，塞尚一生都因此而受苦。

在塞尚情绪变化无常的时候，左拉总是劝解巴耶，并对他说："为了他，纵然心情悲伤也千万不要责备他，如果要责备，还是责备使他思想糊涂的恶魔吧！他是个有黄金之魂的人，是和我们一样的疯子、梦想家，是能够理解我们的人。"但是塞尚被这个怀疑自己的"恶魔"迷住了，总是叫喊"未来的天空对我来说是漆黑的"。

这位银行家之子喜欢在心情愉快的时候立即将不合理的想法付诸实践，比如有钱的时候，总要急着在睡觉前将钱全部花光，一分不剩。当左拉指责他铺张浪费时，他总是一笑了之。

塞尚和左拉同是一个音乐协会的会员，塞尚吹单簧管，左拉吹长笛，他们随乐队排练过很多乐曲，还参加过宗教性的游行演奏。

在巴耶家中，楼上有个搁置杂物的房间，房间很大，很少有人打扰，于是三个少年将这间屋子当作自己的活动场所。在那里，他们排演戏剧，讨论诗歌，喝茶聊天，就像所有爱好文艺的年轻人那样。

除了音乐和戏剧，让他们醉心的事还有“田园和远足的高尚逸乐”。夏日，在约好的日子，天还未亮，醒得最早的人已来到了伙伴家的房屋前，按事先约定向百叶窗掷石子。伙伴收到信号后，就立刻携带着昨晚准备好的粮食一起出发，往往日出时分他们已经离家好几千米了。当天气热起来时，他们早就蹲在茂密的绿荫下休息和做饭了。巴耶用枯柴烧火，左拉将抹好调料的羊腿架起来烧烤，塞尚把色拉放进碟子里调味，三个小伙伴各司其职。饭毕午睡后，三人背了猎枪出发。虽说他们搞得像大人狩猎一样隆重，但往往事与愿违，一无所获。时间不长，兴趣索然的他们就会放下猎枪坐在树下，从袋中取出书籍……后来左拉回忆起这段经历时说，有时恰巧出现一只珍贵的鸟，停在正适合开枪的地方，引起了他们的狩猎兴趣，幸而他们都不是专业猎手，鸟儿才能逃过一劫。不过得手不得手，都不会妨碍他们读书的兴致。

尽管他们这样到处玩，学业却也不错。事实上，塞尚是个很勤奋用功的学生，深受古典主义文学影响，对古典

埃克斯塞尚故居

语言很有兴趣，一有钱就购买类似《简明拉丁语诗百首》这样的书。中学读书时，他还获得过数学奖、希腊语拉丁语翻译奖以及科学与历史奖。而作为未来的大画家，塞尚在绘画方面反而并未表现出过人之处。与塞尚相反，左拉不喜欢外语，特别是希腊语，一点都不吸引他；他喜欢的是科学，而且在绘画方面表现突出，特别擅长素描，几乎年年得奖。

1858 年 1 月，塞尚有机会进入了一个免费的素描学校，在基伯教授的素描班学习，直至 1859 年 8 月。在那里，塞尚的绘画天赋开始崭露，在一次素描比赛中他得了二等奖。正是这次获奖，证明了他具有按照美术学校规则画裸体习作的“天资”，而学院的表扬也激发了他的学习动力，使他下定决心从事绘画。1859 年至 1861 年 8 月，他还进行过模特的学习，由此认识了许多绘画学生。

此后，塞尚和同样喜欢绘画的左拉互相鼓励，培养自己的艺术才能。可惜，由于左拉的母亲要离开埃克斯迁居巴黎，这两位好友惺惺相惜的美好时光就这样被中断了。

虽然左拉对远赴巴黎并不感兴趣，不过他确信，尽管离开普罗旺斯这块土地颇有遗憾，但去巴黎开辟新的生活，可以找到面向将来的机会，这种前途也是充满希望的。而留在埃克斯的其他两个朋友也从内心羡慕左拉的动身——“为我们 20 岁的人，寻找神所赐予的王冠和情人”。临别前，塞尚、巴耶与左拉约定，只要考试结束，他们就动身到巴黎去，再和左拉一起生活。

至此，三个小伙伴甜蜜幸福的同学少年时光戛然而止。

第2章：绘画之梦

1859年，塞尚的父亲，那位靠卖帽子发家的银行家，在郊外购置了一幢乡村别墅——“风庐”，用来消夏避暑，希望让自己跻身于富人阶层。但是，与他父亲的愿望相反，这一切举动并没有使塞尚的父亲获得相应的社会地位，并且继续被本地的社交界所排斥，原因就是他出身低微而且是外乡人。这种冷淡的社交环境，显然影响到了心性敏细的塞尚。日后他也像他的父亲一样，成为游离于主流社交圈之外的“寡人”。

“风庐”在埃克斯的西面，离市中心大约两千米，占地面积达15万平方米，从这里可以看到远处的圣维克图瓦山。这是一幢非常美丽的18世纪建筑，排列均匀整齐，房屋的正前面有规矩的高窗，可以俯视古木参天的大庭院。

它的四周全是围墙，拥有大量的建筑物和附属的农舍。

这幢乡村别墅虽然没有改变世人对塞尚父亲的看法，却深深地影响了塞尚的一生，并在他的绘画中处处表现出来。如今，我们从塞尚的画中常常能见到那种巨大的房屋、七叶树的林荫道、有石造海豚和狮子的池塘、农庄、围墙等等，这些都是有关“风庐”的画。塞尚在给左拉的信中也谈到了那种清澄之美使他震惊，而他的一生也像“风庐”一样，经过了各个时期，除了这里，别无他处。

在获得“风庐”的这一年，塞尚下定决心要成为画家。

此时，青年塞尚要将自己的一生奉献给艺术的渴望逐渐在他心中滋长，但这一志向还未取得父亲的理解，因为所有的父母对子女的未来选择都十分慎重。这位饱尝世态炎凉且富有的银行家对清贫的画家行业并不看好，对他来说，干哪一行首先要考虑是否有充裕的物质来保障自己和家人的生存，相较于法官或律师等职业，画家显然不是一个很好的选择。父亲甚至对塞尚说：“天才往往死路一条，有钱人才活得下去！”

但是塞尚的决心很坚定，他开始在“风庐”的底层制作一幅大型壁画，描绘夕阳下梨树的风景。为了提高绘画

《普罗旺斯的家》〔法〕塞尚

水平，他还经常到埃克斯美术馆，在那里临摹前辈的作品。同时，为了使父亲满意，塞尚不得不继续读书，但他越来越被绘画所吸引，而对法律感到厌烦。远在巴黎的左拉也一直与塞尚保持着书信联系，积极鼓励塞尚献身艺术。终于，塞尚把离开埃克斯奔赴巴黎，献身艺术作为了自己唯一的梦想。

从此，塞尚开始就自己的梦想与父亲不断地沟通，并且这种努力渐渐有了结果。在 1860 年 2 月他给左拉的信中写道，父亲已经不反对自己的意愿了，甚至还特地询问了素描老师基伯先生的意见。左拉听到这个消息后很高兴，立即给塞尚算了一笔经济账——每月有 120 法郎就够在巴黎生活了，并补充说：“尽管那样，我想对你一定有很大的教益。金钱的价值究竟是什么呢？这是因为我们懂得脑力劳动的人仍旧要经常处理金钱问题吧。”兴致勃勃的左拉还给塞尚制订了一份在巴黎学习期间的时间表：“从 6 点至 11 点到画室去画模特。午餐完毕后，从正午至下午 4 点，或在罗浮宫美术馆或在卢森堡美术馆临摹……一天工作 9 小时。”

但是，塞尚对巴黎之行犹豫了。首先是塞尚的妹妹病了，这使他不能立刻动身；其次，正如左拉所预料的那样，

《风庐的七叶树》〔法〕塞尚

如果仅仅用模特和石膏进行教学的话，在哪里都可以，埃克斯当然也可以。塞尚的父亲也很快听从了基伯先生的劝告，这样，塞尚的巴黎之行成了一场空欢喜。

于是左拉写信给伤心的塞尚说：“你首先要使令尊大人满意，尽量坚持学法律，同时必须顽强地学习过硬的素描啊！”塞尚似乎听从了这个意见，左拉又写信再次鼓励塞尚：“不可过分感叹命运，你的这个意见是正确的。归根到底，像你也说过的那样，心中有两种爱——爱女性和爱美的人总是绝望的，这种说法非常错误……在你的信中，有一句话使我觉得非常悲哀，那就是‘纵然不成功，我也爱绘画云云’。你竟然说不成功，你低估了自己的能力。我不是已经说过吗？艺术家中有两种人，即诗人和技师。诗人是天生的，技师则谁都能做。而才华横溢的你，不怕困难的你，却叹息起来了。为了成功，你不能只磨练手指，光做个技师就够了吗？”

数月之后，针对这个问题，塞尚给左拉回了信，他说：“我恐怕学了法律之后，自己的长处便不能自由发挥了（塞尚终其一生都非常推崇‘感性’，他怕理性制约了自己），如果那样，我想到你那里去。”

左拉回信给他：“要有礼貌地坚持下去，所有一切都决定你的未来，而你的一切幸福，我认为就在于这个未来吧。”

然而，左拉给塞尚的鼓励并没有取得任何成效。有一段时间，塞尚的灰心和悲痛更加显著起来，甚至产生这样的想法：留在埃克斯继续学法律，丢掉自己的一切美梦为好。最后心性敏感的塞尚竟然开始怀疑自己的才能，开始打消绘画的念头，也不再向父亲提起去巴黎的计划了。

左拉看到苗头不对，又写信给他，企图使他振作起来：“最近读了你的信，知道你好像真的灰心了，除了把画笔抛向天花板之外，什么都不做了。你不停地感叹孤独，你疲倦了。这种可怕的倦怠不就是我们共同的毛病吗？不就是我们这一代的创伤吗？所谓灰心不也就是扼住我们咽喉的这种忧郁行为吗？……让我们恢复健康吧！让绘画的想象力自由放任地飞翔吧！再者，我相信你，即使我将你推到坏处，这种恶果也会落在我自己的头上。拿出更大的勇气来，在走上荆棘的道路之前好好想一想。”

这期间，塞尚优柔寡断的一面表露无遗。他并没有被好朋友的这些鼓励所打动，而是一味消沉，退缩不前。过去对待朋友很有耐心的左拉在各种劝告无效后，终于发怒了，他在信中写道：

如果有一天你厌倦了绘画，那不是成为狂人了吗？绘画不是消磨时间和杂谈的话题，不是不学法律的借口，如果是这样，那么你的行动便能理解了。因为一下子把事物推向极端，家庭里便不会有新的事情。不过我认为绘画是你的天职……所以我才对你多嘴……要是不好好用功而有所作为，那么你对我来说只是个神秘人物，或者是个莫明其妙的无能者。如果你不希望二者居其一的话，便出色地去完成你的使命。

相反，你如果希望是这种结局的话，那么之前的一切我觉得莫明其妙。你的信有时使我抱有很大希望，有时立刻使我抹杀希望，最近的信就是如此，几乎要向你的梦致告别辞。你在那封信中说："我已经什么都不想说了，因为我的行动和说法完全相反。"这种话我怎么努力去理解也不明白，我对这种话设立各种假定，但一个也不满意。那么你的行动究竟是什么？无疑是懒汉的行动。但不是说一点儿值得佩服的事都没有，比如你增加了对法律的厌恶以及你向父亲请求要去巴黎做艺术家。这两个问题之间一点儿矛盾也不会有，你的行动是怠慢法律学习而去美术馆，只有绘画才是你所从事的工作。那么这不是很好吗？因而你的行动和希望之间不是可以认为完全一致了吗？与其问我所讲的你懂吗？不如说，不可发怒呀！你缺少力量，那是指思想上还是行动上呢？不管怎样，你是害怕疲劳的，你的想法只有付诸流水，放任自流……我想把以前说过不知多少次的话最后再重复一遍，请允许我以朋友的名义直说。从种种关系来看，我们很相似，但我站在你的立场上，非誓死冒一切危险不可，在画室和律师席这两个不同的未来之间毫不犹豫。我同情你呀！你却苦于踌躇。

假定是我，这就成为破幕而出的新动机了……归根到底，成为真正的律师还是真正的艺术家？不过，请不要成为一个穿上了被绘画弄脏了律师服那样的无名之徒。

在左拉的这封信中，他不是作为一个作家来对塞尚讲话，而是作为一个反抗塞尚的不安定、软弱、优柔寡断的真正强人、知心朋友来对塞尚讲话。读完信的塞尚有点动心了，然而这还不足以彻底改变塞尚那种麻木冷漠的感觉。于是左拉又写道："你沉默了吗，那么你将如何进行下去？下怎样的结论？叫得最响的人并非正确，要冷静地、理智地谈。请谈谈，怎样谈？……"

有志者事竟成。在左拉不断地、耐心地鼓励下，塞尚渐渐停止了法律的学习，并完全热衷于绘画。在埃克斯的素描学校里，又出现了塞尚的身影。

左拉信中有关巴黎模特的记载，让塞尚很感兴趣："你那有关模特的记述很有趣，按照谢扬（他们共同的一位朋友）的说法，巴黎的模特已经不新奇了，但我总觉得不能克制似的……"

塞尚不仅在基伯教授的画室里学习，还经常到野外去，即使冬天也不怕冷，坐在冰冷的地上用功绘画。左拉对此表示衷心赞成，他写道："从那个消息可以推断你作为不屈不挠的艺术家对工作所具有的热心，我感到非常高兴。"

伴随着这种刻苦的努力、对梦想的坚持，塞尚以他的勇气、自信和顽强，坚持要求父亲同意他的巴黎之行。这种坚毅打动了塞尚的母亲，她同意儿子去巴黎选择自己的道路："他不是叫保罗这个名字，而是像鲁本斯和韦罗内塞一样，天生是个画家。"

父亲则相对理智和顽固得多，他将儿子的恳求当作一般孩子的任性行为，认为是朋友左拉怂恿的结果，对儿子他只给出一些模棱两可又貌似正确的劝告，比如"不要太钻牛角尖""再稍微慢一点，别慌""明确目标以后再往前走吧”……诸如此类的话。但是，在长久的僵持后，塞尚的父亲屈服了。因为儿子与家庭逐渐疏远，就是回了家也一言不发，长此以往，家庭生活肯定要破碎了。面对这种僵持的局面，银行家终于同意了儿子的请求。不过他仍抱有微弱的希望，这位父亲告诉儿子：我让你去巴黎试试运气，去实现自己的梦想，但是如果在巴黎感到无聊，就立即回来，恢复大学生活，或者来自家的银行工作。

这次谈话决定了动身的日子，而且很突然，塞尚甚至来不及通知左拉。1861 年 4 月底，21 岁的塞尚就迫不及待地和父亲及妹妹玛丽向巴黎进发。抵达巴黎后，大家一起为塞尚寻找合适的住宿地。安顿好以后，父亲和妹妹便回埃克斯去了。这样，塞尚终于来到了他认为可以自由地实现他的绘画梦想的巴黎。

《圣维克图瓦山和风庐》〔法〕塞尚

第3章：来去匆匆巴黎行

青年塞尚

青年左拉

塞尚刚刚到达巴黎的时候，因为满怀激情，事业心特别强，左拉为此还写信给巴耶，发牢骚说他们见面的机会太少了。不过总的来说，这两位昔日的伙伴见了面还是异常激动，而且左拉发现塞尚的父亲对自己非常亲切，曾经的怨恨似乎都烟消云散了。

“无辜者之泉”浮雕局部〔法〕古戎

一切都在朝着好的方向进行：塞尚的父亲一走，左拉就尽地主之谊，高兴地带着塞尚欣赏巴黎风光，他们一同参观美术展览会，或者在礼拜天去巴黎的郊外游玩。当然，郊游免不了要花钱，不过塞尚的银行家父亲及时地汇来 125 法郎，这是他一个月的生活费。在左拉的合理支配下，塞尚没有一下子花光。在绘画作品中，他们尤其喜欢 19 世纪浪漫派画家阿里·谢费尔的画和法国文艺复兴时期最著名的雕塑家古戎为“无辜者之泉”创作的装饰性浮雕作品，前者有着浪漫主义派的诗情画意，后者则淋漓尽致地表现了古典主义的美与青春。

然而欢乐的时光总是太过短暂，不足一个月，这位雄心勃勃到巴黎来为艺术献身的银行家之子开始在兴奋之余感到一丝淡淡的厌倦，他写信给朋友约瑟夫·攸奥说：

> 虽然我不想唱悲歌，但坦白地说不太愉快。我以为离开埃克斯就能摆脱那些令我绝望的忧郁，可是一切都没有变，只是变了地方而已，虽然我抛弃了双亲、朋友和天天见面的人，试图甩掉那种可怕的感觉，可是绝望和忧郁仍然紧紧地跟着我。当然，这些都是没出息的话……不过还有值得高兴的地方，我游览了罗浮宫、卢森堡和凡尔赛宫，你知道，那里有多少值得

赞叹的艺术品和建筑物啊！这一切实在太美了，美得令人吃惊……哈哈，你大概觉得我是一个巴黎人了！

我还参观了沙龙，对于一颗幼稚的心来说，尤其是像我这样打定主意为艺术献身的人，这真是个好地方。因为你可以看到，一切艺术与冲突都在这里汇合，一切趣味与倾向都在这里聚集。我给你谈谈这儿的美景吧，你可以当作催眠曲来听。

伊凡的战争场面非常恢弘，给人一种光辉灿烂的感觉。比尔斯的技巧好极了，笔法可以用精湛绝伦来形容。这些人用他们的热情，画出了震撼人心的场面。还有各位前辈伟人的肖像画，这些画都色彩缤纷，他们的个子有大有小，身材有长有短，长相美丑不一，精彩极了。

画里有宁静流淌的小河，也有带来无限希望的日出，时间和生命通过日升月沉融化于我们眼前的白昼和黄昏；那些辽阔、宁静、冷峻的俄国大地，那些炽热、冥想、流动的非洲天空；这儿有土耳其人阴险狡诈的嘴脸，也有人类天真烂漫的微笑；有美丽的少女，她慵懒自在地横躺在黄色的毯子上，舒展着双臂，展示年轻而美丽的乳房；我们纯洁可爱的丘比特们，挥动着他们白色的翅膀，在空中飞翔；还有年轻貌美的女子，正贪恋着镜中的青春；有席罗姆和阿蒙，格雷兹和卡巴奈，牟勒、库尔贝和居丹，他们都在为最后的胜利和荣誉而激战着……

还有梅索尼那的杰作，他的作品我全看过了，但还想去看一遍。徜徉于艺术的殿堂，我觉得自己已经醉了，为此我感到心满意足……

虽然塞尚很喜欢巴黎的艺术氛围，也对那些沙龙大师们赞不绝口，但他的心情依旧忧郁，即使有好朋友左拉的相伴也无济于事。后来，他甚至开始讨厌巴黎，更坏的是，他不喜欢自己的工作，并感到厌烦。于是，最善于怀疑自己的塞尚又开始怀疑自己了，他认定巴黎之行糟糕至极。他对左拉说自己想要回埃克斯做个普普通通的公司职员，他被自己打败了，想要逃回象牙塔里去。

面对自暴自弃的塞尚，多年来的通信和努力毁于一旦，绝望的左拉于 6 月 10 日写信给巴耶说：

我难得见到塞尚……早晨他到斯韦兹裸体画室去，而我在屋里工作……他离开画室就到维尔维攸的家去，成天画画。一回家就吃晚饭，睡得很早，我没有机会碰到他，也没有机会跟他说话。

塞尚故居的画室

保罗和中学时代一样，仍然是个优秀的、富有幻想的青年，独特的东西迄今尚未消失，但他依然喜欢怀疑自己。刚到巴黎不久，他就跟我说要回埃克斯，这证据足够了吧？

他刚到巴黎，就对自己的前途满不在乎，这似乎是为了摆脱过分追求荣誉而带来的妨害，这样当然很好，不会闹出什么乱子，但他的性格一点儿都没变，还是固执己见，一点儿都不想改变自己的想法。

我呢？我的态度很简单，尽量不妨碍他，不妨碍他的梦想，就算是想劝解他，也是尽量绕着圈子，不想被他发现，免得伤了他的自尊。为了保持我们的友谊，我非常顺从他，如果他不想跟我打招呼，我也绝不勉强跟他握手，他是个善良的人……总而言之，我完全地抹杀了我自己，随时迎合他的情绪，尽量不打扰他，而他所要求的亲密程度则因心情而异。

我猜想保罗对我的态度一定感到很惊讶，但对我来说，他仍然是那个善良的、理解我的，同时也是我所欣赏的知心朋友，只是每个人的天性不同罢了。我不想丧失这份友谊，因此经过仔细考虑，决定顺从他的性情。

和你保持友谊，可以讲讲道理，但如果我这样对他，那就完蛋了。无论如何，我们之间并没有飘着什么乌云，无论何时，我们都牢固地结合在一起，不管怎么说，这不过是些偶然发生的小事。

塞尚情绪变化无常，喜怒不定，左拉的心情也跟着高低起伏，就连写信的调子也是如此。就在写了这封信后，左拉对自己的批判很后悔。左拉的提醒无疑是善意的，但显然引起了塞尚的不快。

不过我们这位忧郁王子也有心情好的时候。夏天到了，左拉刚从马尔科西斯回来，塞尚就亲热地出来迎接他，此后，他们每天有 6 个小时待在一起。塞尚给左拉画肖像，画累了，就一起去卢森堡公园吸烟，话题也有种种改变，特别是谈论起绘画。两人对往事的回忆在话题中也占了很大的比例。此外他们的谈话还会涉及未来，希望彼此的心灵能真正地结合在一起，偶尔还谈论一下“成功”这个让他们觉得可怕，但又不得不面对的话题。

但好景不长，左拉觉得塞尚对自己越来越没信心，快要到达极点了，这位未来的大画家动不动就要回埃克斯去当个普通职员。为此左拉绞尽脑汁，他希望塞尚待在巴黎，实现自己的梦想。左拉反复向塞尚证明回乡当个普通职员的举动是多么愚蠢，塞尚短时间内也会听从这一劝告，继续工作，但过不了多久，就显然故态复萌了。

左拉预料到塞尚回家乡后会放弃自己的艺术梦想，于是尽一切力量挽留。左拉写信给巴耶，希望巴耶告知塞尚他也要来巴黎的事情。左拉认为只有巴耶也过来，三人团聚，过上从前的生活，才能留住塞尚。

塞尚的生活既单调又无聊，与此相反，左拉的工作却很紧张。其实，他在塞尚初到巴黎时就辞去了码头的工作，在这之后，没有再找工作。他曾这样形容自己的状况："既无职业又无金钱，前途茫茫，被抛弃在巴黎的马路上。"所以他得打起精神，应付生活中的一切。

左拉急切地呼唤巴耶："……往日的回忆和友情会冲淡所有的不快，给这一切涂上美丽的色彩……你快点来吧，这样我们就不会再寂寞了。"

事情已经到了紧要关头，塞尚想要回埃克斯的念头越来越强烈，并占据着他的身心。有一次，左拉无意中走进塞尚的房间，看见他的行李已经完全整理好了，显然这位犹豫不定的年轻人正准备回乡。左拉马上要求他给自己画幅肖像，借此挽留他的朋友。

塞尚很高兴地接受了，开始专心致志地画画，回乡的事暂时被压下来。塞尚对他画的肖像进行了两次返工，但仍然不满意。于是，左拉第二天清晨去塞尚的小房间，请求摆姿势，让他重新画自己。但显然，这次失败了。

塞尚的皮箱打开着，各种东西凌乱地堆在一起，抽屉已经空了。他的面色很忧郁，但却异常冷静：“明天我要回埃克斯去了。”

“那我的肖像画怎么办呢？”

“你的肖像画？现在已经弄破了，今天早上还画了一下，但它变得更坏了，而且我把它弄破了。我要回去！”

面对态度坚决的塞尚，左拉不抱任何希望了。他停止思索，和塞尚一起去吃午饭，直到晚上都没有离开过他。他们仍像平常那样友好，离别时，塞尚甚至和他约定留在巴黎，但左拉看出这不过是拙劣的敷衍，他猜测塞尚不是本周，就是下周就要回埃克斯，反正终究是要走的。

尽管如此，在等待中，左拉还是再次燃起了微弱的希望，他在给巴耶的信中说：“保罗是个有才华的人，能成为伟大的画家。但他缺乏坚持的毅力，因为一遇到小障碍就绝望了。如果他要避开各种烦恼的话，我就反复劝说，可无济于事，他仍一定要回去。”

看在左拉殷切地挽留的面子上，塞尚勉强待到了 9 月份，然后便回埃克斯去了。这是个冷冰冰的离别，同时他们也不再通信。左拉认为塞尚在巴黎虽然非常用功，但心性幼稚，不能克服困难去适应新的生活。不出左拉所料，塞尚离开巴黎后放弃了绘画，进了父亲的银行。

待在巴黎的这段短暂岁月，左拉待在塞尚身边，对他进行照顾、保护和鼓励。但塞尚生性急躁、不安定，虽然有优良的品格和天才，但还有难以接受劝告的固执的一面。左拉费尽了心机也没用，对塞尚的回乡可以说是完全绝望了。

看起来是这样的，左拉一直挽留塞尚，而塞尚一直要求回去。但事实上，后来左拉自己也犹豫了，连他也开始希望塞尚回乡。因为虽然他从塞尚给自己的画中可以看到塞尚身上有天才的萌芽，但他却无法催开嫩芽，所以他放弃了。

在这个时期塞尚给左拉所画的肖像中，保存下来的只有一幅。它是一幅以明暗对比来表现左拉侧脸的画稿。黑暗的背景、强烈的光线，突出了左拉的额头，浓密的胡须与白色形成鲜明的对比，使得整个形象显得有点粗暴。

从左拉的信中可以看出，塞尚与一般画家不同，他从不在模特摆姿势时画画，而是等这些模特摆完了姿势以后再画他们。当模特摆姿势时，塞尚努力研究整幅画所要呈现的色调和表现，偶尔在画布上画几笔，定好调子；通常情况下，他在模特离开才开始工作，整个作画过程中没有模特，只有重新需要摆姿势的时候，才会再请模特回来。这是作为肖像画家的塞尚一生所遵奉的手法。

与此相反，塞尚画风景或静物的时候，则会不断地观察所画的对象。这恐怕是由于模特在眼前只会使他心神动摇，不能集中注意力，在某种程度上妨碍了他工作的缘故。

这就可以理解为什么塞尚如此执着地要求回去。而让塞尚巴黎之行幻灭的，是自己还是左拉？这两个人为了不再孤单，都认为需要那种完全的结合、绝对的一致，而这种一致在两人之间始终没有形成，也注定不会形成。因为世界上没有两片完全相同的树叶，当然也没有两个相同的心灵。

事实上，塞尚在巴黎给自己画的自画像更有趣味，完整而清晰地展现了他当时绝望混乱的心境。首先他用拍下照片的方法给自己画画，但不是完全忠实于照片，而是有了改变：或者将下巴延长，或者把脸部线条加以起伏，或者给睫毛加上调子，以致完全改变了面目的表情，照片中优美平和的脸庞变成了画像中用锐利的目光面对命运的野蛮人。

这种目光给他的肖像带来不可思议的生气，连带照片上也仿佛沾了这种逼人的生气似的。这是个被怀疑折磨殆尽的牺牲品、一个对一切感到幻灭的忧郁症患者、一个对他人甚至自己进行永远反抗的不屈者——一个真实的塞尚。

与此同时，左拉在巴黎度过了一生中最辛酸最绝望的时期。他埋头于思考和写作，塞尚的离开使他感到痛苦，后来他写的信证明了自己当时绝望的心境，他对塞尚说："为了使我们的友谊健康地成长下去，也许需要普罗旺斯的太阳。"在他给巴耶的信中，同样表达出这一绝望："这是他的最后决定吗？但愿他的心情不再起变化。"

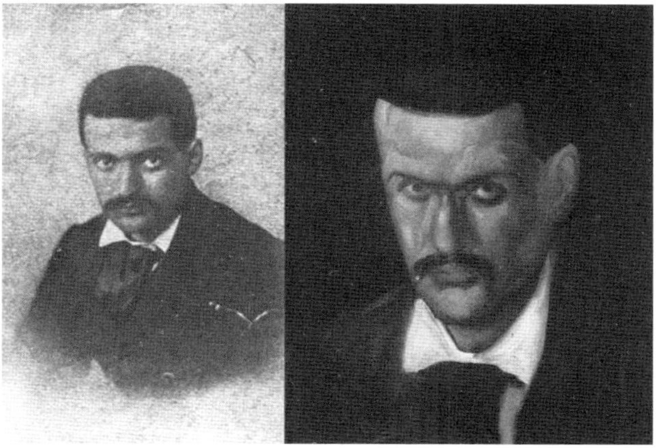

塞尚根据照片画的自画像

一如左拉预期的那样，银行的工作刚开始不久，绘画的“恶魔”又夺去了塞尚的心。在银行的办公室里，塞尚只想到罗浮宫和鲁本斯、德拉克洛瓦的画。曾被怀疑的事情、所有巴黎糟糕绝望的经历都被他抛在脑后，忘得干干净净，而日益增长的对画画的欲望占据了一切。于是就有了那首涂在“塞尚·卡巴索银行”的账簿上的名诗：

银行家塞尚，

看到未来的画家从自己的账房里产生出来，

吓得发抖。

此时，塞尚的父亲逐渐认识到，让自己的儿子在银行做继承人或者在法庭扮演激动的律师这类事情，根本无法办到，他再也不想把儿子留在自己身边了，而是随便他爱好什么。1861 至 1862 年，塞尚恢复了从前的生活，仍像以前那样，和朋友柯斯特、攸奥、索拉里一同进素描学校，重新专攻绘画。

虽然因为巴黎之行，左拉和塞尚有了短时间的隔阂，不过中断了几周的信由塞尚重新开始，左拉立刻写了回信：“好久没写信给你了，不知是什么原因。对于我们的友谊来说，巴黎毫无价值了。给我们之间带来冷淡的是那可恶的误传，或者是误解的环境，以及过分夸张的居心不良的言辞。那怎么行呢？我还是选择相信你。”

与此同时，左拉在巴黎的境况也有所好转，进了一家出版社工作。巴耶也来到了巴黎，进了离左拉不远的理工科学校，两人联系密切。这年夏天，三个昔日的小伙伴像过去那样，重新聚在埃克斯，并在充满珍贵温暖回忆的氛围中度过了整个暑假。据说左拉在这年夏天开始写《克洛德的忏悔》。这是一本奇异的书，混着激烈的青春和活力，从某种程度上说，它模仿并损害了浪漫主义。左拉是以追忆两位朋友的形式来写这本书的，并把这本书献给了他们，这两位朋友是他表白其戏剧性的爱的对象。

《克洛德的忏悔》花了左拉三年时间才写成，在其处女作《给尼侬的故事》出版一年之后，即 1865 年 10 月，由巴黎的拉克罗瓦书店出版。

年轻的小说家左拉当时正忙于创作，这种进取精神无疑感染了好强的塞尚，促使他产生再度去巴黎的愿望。但是第一次旅居巴黎的失败经历使他反省，也使他变得更加谨慎，塞尚便将对未来生活的蓝图设计全权委托给左拉。左拉对此回答说：“我完全同意你的想法——是来巴黎工作还是闲居在普罗旺斯，我认为这是服从诸流派还是发展独创性的问题。”

塞尚再次听取了左拉的意见，打算在埃克斯住到年底，然后到巴黎。他正忙于画《堤坝风景》，还特别画了看守堤坝者的裸体像。这座堤坝是由左拉的父亲开始动工建造的，后人以工程师法兰沙瓦·左拉的名字称呼它。塞尚经常和左拉一起到这里，或察看工程的进度，或在山间大湖里游泳。这是他们喜爱的散步路线之一。

留在埃克斯的塞尚，找到了比自己年轻几岁的朋友——纽玛·柯斯特，两人一同上素描夜校，以相同的素材展开创作。塞尚一到巴黎，就立刻给柯斯特送上诗篇，回忆二人共同学习的时刻：

多么令我思慕呀！
吃过盒饭，
拿起调色板，
将有岩石的风景乱涂在画布上。
那是去托尔斯牧野的事……
你滑倒在润湿的洼地上，
那个险些折断腰的地方……
还记得那奸细躲藏的草丛吗？
枯叶在冬意中丧失了生气，
草在河边褪色，

被阵风摇动的树木像无际的尸体，

在空中以秃枝搏斗。

1863 年年底，塞尚打算动身去巴黎。在这之前，父亲已得知儿子一心扑在绘画上，也只好同意儿子再赴巴黎，但他认为在公立画室认真学习才是最好的办法，所以塞尚与父亲约定，只要去巴黎的话就进美术学校。

塞尚早期作品

第4章：初涉画坛

1864年年初，青年塞尚第二次来到巴黎。

塞尚的青年时代，法国正处在一个社会大动荡、大发展时期。这一段时间，法国经历了法兰西第二共和国（1848—1852）、法兰西第一帝国（1852—1870）和法兰西第三共和国（1870—1940）三个阶段，社会上新旧势力斗争激烈，法国民众争取自由和民主的呼声日益高涨。当时的法国已经成为欧洲反封建、反教会和新兴资产阶级思潮的策源地，涌现出了一大批哲学家、诗人、作家和科学家。当时的法国，到处充满着改革的气氛。社会上弥漫着对旧制度、旧思想的不满。印象主义画派就是在这种条件下产生的。

塞尚经常与巴耶见面，同时也与柯斯特通信。柯斯特告诉他，自己不幸中了征兵签，要去服兵役。塞尚为此写了一封长信安慰他，说“即使当兵也有某些道路可走，在巴黎有时也看到士兵听美术学校的解剖课”。塞尚还劝柯斯特最好在适龄期间志愿在巴黎服兵役，在信的最后，他以个人问题结束：“说到我自己，头发和胡子可比才能长得快多了，尽管如此，我对绘画仍不会灰心。罗姆巴尔曾说，‘画，拼命大量地画，画出感到满意的作品来’。但我还没有去看他的素描……父亲还没有叫我回去，我就预定7月前后回埃克斯吧，但在回家前还想动动笔。两个月内，即在5月份，我要举办去年那样的绘画展览会，如果你到这里来的话，就一起去看看。”

塞尚信中所说的绘画展览会是一种官方赞同的艺术沙龙，以保守主义为主，绘画的主题必须符合越来越苛求的中产阶级价值观，色彩的效果比颜色的和谐更能受到人们的欣赏。如果画作不符合这个规则，那就准备好跟三个敌人抗衡吧！他们是大众、批评家和官方艺术家。所以，在这种情况下，巴黎的艺术沙龙展出的实际是一批中规中矩、没有新意的画作。这批画作由一群极其严苛的评审挑选出来，毫无疑问，他们是学院派的老学究，并且理所当然地认为学院派的规则是至高无上的。

1863 年，也就是塞尚信中说的“去年”，由于绘画展览会的评选规则过于严苛，一共拒绝了 500 多件艺术作品。这些落选的画家非常不满，他们聚在一起进行抗议，使得政府不得不退让一步，提供香榭丽舍大道作为“沙龙落选展”的展览场地。很快，这个地方成为向官方表达不满的场所，它吸引了大批的艺术家和普通民众。在这次展览中，画家爱德华·马奈的《草地上的午餐》成为其中最重要的作品。它不仅在艺术手法上与学院派完全不同，而且违反了大众的审美观和道德感，毫无疑问，这是现代化的宣言，是对保守主义颠覆性的宣言。这幅画轰动全国，这件事也就成为印象主义的发端。印象派的代表人物中有被认为是现代主义艺术运动先驱的马奈，有印象派创始人之一的莫奈，以及德加、毕沙罗、西斯莱、雷诺阿等。印象派主张根据太阳光谱的七色去反映自然界的瞬间印象，采取在阳光下直接描绘景物的创作方法，对绘画技法的革新有很大影响。

塞尚以为巴黎的艺术沙龙会为落选的绘画再次举行展览，但显然这是他的误解，公众不欢迎这种画风，而这种明显的敌意是审查员最好的借口——既然公众不接受这种风格，那么何必举行这种惹人嫌的展览呢？于是塞尚的愿望落空了。

与此同时，他参加了巴黎美术学院的入学考试，但没能被录取。一位参与评分的老师说："塞尚的色彩感觉是很好，但画法太极端了。"显然官方并不欢迎这种"滥用颜色的家伙"，于是塞尚转而进了苏维士学院继续画画。在这里，年轻的学生如库尔贝、德拉克洛瓦，对色彩也很着迷，塞尚很快与他们走到了一起。

不管怎样，对塞尚来说，去年的沙龙展览会足以使他受益一生，因为那场展览会最成功也最"臭名昭著"的正是马奈的《草地上的午餐》。塞尚以一位年轻人特有的狂热和革命热情来看待这部作品，对他今后的艺术产生了深远的影响。这幅作品所要展现的主题——直接表现尘世环境，其某种程度上的原始主义，紧紧围绕了塞尚一生，他甚至从未放弃过要以类似的思想来实现同样伟大的构思。

不仅如此，在去年的落选画展中，塞尚经人介绍，还结识了马奈和雷诺阿。塞尚非常佩服马奈的写实功力和色彩运用，对他的作品进行过许多次临摹。不过他认为马奈的画不够生动，但他自己的画在别人看来，就是不断地把颜料往画布上倒，以致人们在背后称他为"将颜料放在手枪里发射出来的家伙"。

《草地上的午餐》〔法〕马奈

按照预定计划，塞尚7月份回到埃克斯度假，同行的还有巴耶，左拉则忙于写作，一个人留在巴黎。终于，这一年年底，左拉的处女作《给尼侬的故事》出版，故事脚本像梦一样展示了普罗旺斯的一隅晴空——浪漫而优雅，评论家对这种调子持肯定的态度，因此本书很受欢迎。

由于处女作在一定程度上获得成功，左拉变得很忙，他终于能靠写作养活自己了。1865年年末，左拉的第二部小说《克洛德的忏悔》出版了，然而这个故事脚本完全违背了评论家们的心愿，因为他们期望的是《给尼侬的故事》那种优雅的调子，而不是“内容淫秽的小说”。不言而喻，这本书受到了冷落，这种冷落甚至在左拉的小团体内普遍存在，大家都愤怒地表达了这种失望的情绪。《克洛德的忏悔》的出版无疑影响了左拉的生活，这位现实主义作家的“大胆用语”引起了警方的注意。左拉被迫辞去出版社的工作，并决心“完全献身于文学”。

然而，让所有人意想不到的是，正是这本不太成功的书，开始让塞尚出名，至少为人所知。干这件事情的是他们共同的老友，埃克斯的文学评论家——莫里斯·劳克司，左拉的处女作也是由他介绍给本乡的。这次，他依然力挺好友，写了一篇极为精彩的介绍文章，而左拉的这部小说恰恰是献给塞尚和巴耶，所以机缘巧合之下，别人知道了左拉还有一个画家朋友，而且从某种角度上说，还是个优秀的画家。文章写道：

> 他们几个都是同窗好友，一群埃克斯人，善良纯洁的友谊把他们联结在一起。青葱岁月的他们对未来有着什么期望呢？那时候还没有明确的目标，但无论如何要努力学习、艰苦奋斗……他们用牢固的友谊互相结合起来，但未必是用真、善、美的锁链结合的。有人向柏拉图投票，也有人选定亚里士多德。有人称赞拉斐尔，也有人在库尔贝面前恍惚。
>
> 相同的兴趣爱好使他们拥有深厚的友谊，对《纺织女工》（这当然是指米勒的画而言）比《倚椅的圣母》更为喜爱的左拉，将这本书献给两位热烈信奉他流派的人——保罗·塞尚先生和巴蒂斯廷·巴耶先生。
>
> 塞尚先生，这位埃克斯人，为了心中的梦想去巴黎求学，他给我们留下的是一个坚强不屈的用功者形象，他的诚实和善良都使他成为一个好学生。由于他不屈不挠的精神，我们相信，塞尚先生将作为一个优秀的画家而出现。
>
> 塞尚先生是利维拉和佐尔巴伦的极力赞美者，他

以自己独特的手法绘画，使作品富有个性。我在画室里看过他的作品，即使不能预言他将取得那些一流大师那样辉煌的成就，仍然可以肯定他的作品决不是平凡的东西。平凡在艺术上是最坏的事，如果职业是做泥瓦匠那倒没什么，但既然是画家，就一定要做一个完全的人，否则非得痛苦地死去。

但我们坚信塞尚先生不会这样死去。他少年时代养成了许多优秀的品质、良好的习惯，有顽强的勇气和对艺术的执着追求。塞尚先生认为，只要通过努力，绝对没有达不到目的的事情，他本人就是这样做的。

塞尚先生是一个能使评论家激动的画家，如果没有推销嫌疑的话，我真想现在就谈谈他的画。不过塞尚先生是一个很谦虚的人，认为现在的画还有很大改进的地方。而我认为挫伤艺术家那细腻敏感的情绪并不太好，所以就此搁笔，让我们都拭目以待塞尚先生作品公开展览的日子吧。到时候，我认为，不止是我，所有人都会谈论他的作品。

他们的另一位朋友，在一份名叫《埃哥提·波修·丢劳》的报纸上发表了相似的报道，他以同样的语气肯定了塞尚和巴耶在艺术和科学道路上将成为杰出的人物。

《自画像》〔法〕塞尚

塞尚此时比焦头烂额的左拉幸福，不需要挣生活费，因为父亲给他津贴。但他那一有钱就花光的个性还是使他常常身无分文。于是塞尚试图卖画，但都不太成功。一天，塞尚在寻找有钱的美术爱好者的时候，遇到了穷朋友，音乐家基伯纳尔。他看到塞尚手中的两幅画赞不绝口，塞尚便将画送给了他。虽然没有找到有钱的美术保护人，但显然，塞尚因为发现真正的赏识者而更加高兴。

回到埃克斯的塞尚，生活平静，烦恼的事情也比在巴黎时少很多。他闷在“风庐”埋首工作，谁都不见，而这时期他主要是画肖像画。

塞尚喜欢的模特之一是他的一位名叫多米尼克的伯父，父亲也零星做过几次模特，塞尚的两个妹妹，以及阿西攸·安波勒尔、安东尼·瓦拉勃莱格、马利翁等朋友同样是他的模特。

在塞尚勤奋作画的感染下，父亲允许他装饰大厅板壁，于是他立刻着手画伦克莱的《田园舞蹈》。塞尚用黑色的阴影来突出绿色的田园，显示了他在色彩运用方面的悟性。在《田园舞蹈》的对面，是一幅名叫《下降幽界的基督》的画，很明显是对画家塞巴斯丁·德尔·比翁的临摹。

板壁的四面，是著名的《四季》，每边一幅：

《四季》

象征春天的是一个年轻的女人，她穿着红色的裙子，提着一串长长的花，正从花园的台阶上下来。背景深处，黎明的天空下，立着一只装饰用的花瓶。天空的颜色越高越深，从淡淡的粉色过渡到蓝色。象征着春风徐来，大地百花盛开的生命和活力。

夏天，是一个坐着的女人，她的膝盖上放了一捆金黄的麦穗，脚边放了两种代表夏天的水果——西瓜和无花果，在这些水果的下面，还有两捆金黄的大麦穗。象征着丰收的喜悦。

象征秋天的女人在头上顶着一只大水果篮，水果篮里停着乌鸦。从某种程度上说，这幅画可以解释为什么塞尚把《四季》戏谑地署名为“安格尔”。因为众所周知，安格尔是19世纪新古典主义大师，以“清高绝俗和庄严肃穆的美”著称，他是学院派绘画的必修课程，加上安格尔求学时顺利考取了巴黎美术学院，而塞尚则因“不幸滥用颜色”，遭到官方拒绝，因此这个署名似乎有种“踢了官方美术的屁股”的反讽。

而冬天，是一个坐在火堆前的女人，背景是布满星星、多云的夜晚。

事实上，《四季》是一幅滑稽画，以讽刺15世纪那些拙劣的壁画，塞尚在这里受到16世纪意大利画家桑德罗·波提切利的影响，《春》的构思——拉长的女性形象可见一斑。

除了肖像和壁画，塞尚还在学习群像的各种构图手法。这些画，有时进行得很慢，有时进行得很迅速，都是些《巴加那尔》或《草地上的午餐》之类的仿作，但拥有不平凡的个性。之所以说它们有个性，是因为这些画想象丰富，充分体现了塞尚的创造力，甚至连他自己也被这种创造力所感染，产生出真正的工作激情，甚至来不及研究自然。

但这些画的画面都很沉重，看得出他工作时间很长，而且十分辛苦。从他这一时期的构图中，可以看到他遇到了非常大的困难，因为这些构图有些意义不明，有些深度不够，以至于后来塞尚放弃了这些复杂的构思，而专注于突出前景的人物了。要知道，尽管塞尚拥有罕见的天赋，但却缺少一种相对平常的构图技能，塞尚离这一点相当远。他想把内心的视觉表现出来，但早期进行得并不顺利。

无疑，塞尚喜欢想象，这些想象表现在塞尚初期的作品中，肖像画就是很好的说明。他在构图时，那种激动而不安的情绪占多数，然而一旦画上去，却有一种庄重感。他在画肖像时，喜欢从模特的正面画，而且尽量追求简单。

《多米尼克伯父》〔法〕塞尚

这个时期塞尚创作的作品在绘画技法上与以往不太一样，如《多米尼克伯父》肖像画那样，塞尚早期的肖像画色调饱和、丰富，清晰地揭示了他天赋异禀的基本特征。在这幅作品中，黄褐色肌肤的调子在厚重的、由白色颜料堆积而成的背景上浮现，读者能够从中感受到某种激烈强悍的东西。它在色调转换方面拥有一种新的细腻、敏感，所有这些因素使得人物给观众留下一种更为强烈的印象。从某种角度上说，这已是本真的塞尚，尽管还不完全。

《穿僧侣服的多米尼克伯父》〔法〕塞尚

在这段时间里，塞尚以“多米尼克伯父”为模特画了不下五幅不同的肖像画。这位被塞尚折腾得牢骚满腹的模特没有想到，自己后来会因此被载入了美术史。在《穿僧侣服的多米尼克伯父》中，僧侣的服装使塞尚得以造成一种乳黄色袈裟的亮调子同青灰色背景之间的强烈对比。这种相互关系又被皮肤的桃红和玫瑰色、头发的深褐色，特别是被黑色的阴影所间断。画家的目的在于表现颜色的质感，同刻画对象以及光线气氛效果毫不相干的质感。由于浓厚的颜料比稀薄透明的颜料具有更强烈的分色特性，所以塞尚干脆不用画笔，而用调色刀来画画，这样画出的画质感非常强烈。而且，塞尚的画，由于完全没有明暗和颜色过渡，效果本身也粗放得多。这种刻画是没有立体感的，它是靠色彩对比力来突出和腾驾于背景之上的。

塞尚的画好像是由一个一个整齐的形状所构成，他的画轮廓很重，只求远看效果。这表明他充分掌握了绘画材料的性能，但这不是人物的刻画。模特并不能使塞尚产生兴趣，他所感兴趣的仅仅是物质的再现。仔细看看这幅画，就不能不承认：塞尚能很好地掌握这方面绘画的手法，他以青春的激情运用着这些手法。塞尚的一个朋友曾说过：“每当塞尚给他的某个朋友画像时，他都好像是为了某种不肯说出来的委屈而向那个人进行报复似的。”对于《穿僧侣服的多米尼克伯父》所表现出来的那种艺术上的局限性和难以控制的魄力来说，不可能找到比这更好的诠释了。

我们从塞尚的初期作品中，可以看出画家对古典主义的理解与改造，比如题为《阿契利 · 安塔艾尔》的画像。这幅画的尺寸很大，长在 2 米以上。安塔艾尔是塞尚的一个画友，身体不太协调，下肢发育不好，个子矮小，但头颅很大。在创作中，画家想尽办法弥补这位模特的缺陷。他为此做了数张习作，采用绝对对称构图，把人物安排得像个圣徒。人物侧低头，神态略显伤感，双脚并拢。大概是因为朋友下肢短小的缘故，脚下垫着一个木盒。两只手的摆放正好与目光注视的方向一致。画面的主要色彩是古典绘画中常见的蓝色和红色，灰色的头发与暖色的脸部形成统一。塞尚对作品的下半部分做了简化处理，使观者的目光投向人物的面部，这样可以起到弱化对象缺陷的作用。人物端坐在一把高靠背的软椅上。这把椅子被塞尚处理得过目不忘，而且多次出现在塞尚的作品中，且每次都有举足轻重的作用。在这幅作品中，椅子被画家有意地缩小了比例，目的是使坐在其中的人物显得高大。塞尚的这一目的确实达到了，朋友被表现得不仅高大，而且庄重，整幅

《阿契利·安塔艾尔》〔法〕塞尚

画有一种纪念碑风格和宗教气氛。可能是由于人物的特点与塞尚的用意产生了冲突，画面上的人物显得有点滑稽。据说，塞尚晚年的时候要毁掉这幅作品，但不管怎样，它还是一件伟大的艺术品。塞尚在这幅作品中进行了可贵的探索，它是塞尚风格的起点。最终我们会看到，塞尚的这种探索和追求开创了现代艺术的先河。

不过，在塞尚这一时期的作品中，最值得赞叹的构图之一，是他在左拉家中创作的，作为礼物送给左拉的作品，题名为《诱拐》，根据画上的题记，应作于 1867 年。塞尚本想把它创作成四五米的巨幅画，不过后来形式有所缩小，是一幅 1. 17 ×0. 9 米的作品。

这是一幅以深绿色草原为背景的画，令人想到连绵起伏的海浪。走向这个背景的是一个裸体巨人，呈青铜色，显得很可怕，他手中抱着一位蓝黑发、脸色苍白的女子，布从裸女的腰间滑了下来。远方深处耸立着一座山，它大概是塞尚对圣维克图瓦山的遥远的回忆吧。左侧画着两位玫瑰色肉体的少女，给构图锦上添花。

法国社会的动荡，影响到这个国家的每一个人，也影响到性格内向、害怕社会交往的塞尚。这个时期的塞尚已经不满足于画同一类型的画了，他想表达更为广阔的世界。

《诱拐》〔法〕塞尚

在塞尚的心里，既不满足于古典主义，对印象主义也不满意。他的这种革新要求与当时的时代背景不无关系。他在给朋友的信中说：“不管你喜欢哪一位大师，对你只应该起一种指导作用。否则，你就只能成为一个画匠。”他对印象主义的态度是：“印象主义是色彩和光学的混合，我们必须越过它。我想从印象派里造出一些东西来，这些东西是那样坚固持久，像博物馆里的艺术品。”

早期的塞尚以其热情洋溢的幻想摆脱“古典主义”和“印象主义”对自己创造思维的禁锢。他一面克服犹豫感，一面继续进行手法的探索。不过，在埃克斯的孤独生活有时使他心情沉重，为了沉浸于有刺激的气氛中，他常常到巴黎去。事实上，巴黎和埃克斯是他一生的两极。在巴黎时，他内心沸腾，沉浸在最前沿的艺术氛围中；在埃克斯时，他享受幽居的宁静、美丽的自然，获得了个性创作的自由。所以在 19 世纪 60 年代，塞尚总是在巴黎和埃克斯之间往返奔波。

第5章：婚姻和战争

1868年年初，塞尚再次从埃克斯出发前往巴黎，在马奈、雷诺阿、左拉、克拉代尔、丢朗提等人经常聚会的著名咖啡馆——盖博瓦咖啡馆露了回面。

1869年冬天，塞尚在巴黎与19岁的年轻模特霍坦士·菲克相识。这是个高挑美丽的女孩，一头棕色秀发，有着深色的大眼睛与白皙无瑕的皮肤。塞尚比她大整整11岁，由于菲克的母亲很欣赏塞尚的才华，所以极力撮合他俩，不久，两人就决定同居了。

用塞尚自己的话来说，这是个有点儿肤浅的女人，“只爱巴黎与柠檬水”。但同时，她也是个现成的模特，并且相当有耐心，经常摆出各种不同的姿势让塞尚作画，姿

《穿蓝衣的塞尚夫人》〔法〕塞尚

势在当时可谓大胆，有种简化的现代化效果。他们偷偷住在一起，不让别人知道，甚至是在儿子保罗出生之后，也没有通知家人，因为塞尚知道银行家父亲是绝对不可能接受儿子娶一个没有嫁妆、没有背景的女孩子的。

大约半年后，也就是1870年5月，左拉也在巴黎结婚了，塞尚是证婚人之一。大家普遍认为是塞尚促成了这桩婚事，是他把那位少女介绍给左拉的，不过这件事没有得到确认。左拉的妻子是一位孤儿，没有任何财产，帮助伯母做生意，大家都亲切地叫她伽布莱尔。

当时塞尚住在巴黎的诺特尔·达姆·特香街53号，他的生活一点儿也没有变，市民和官方对他的态度也没有变化，他依然是一位被人嘲笑的画家；但塞尚的精神很好，一点儿也不退缩，仍旧孜孜不倦地画画。

1870年7月，普法战争爆发。这场持续了两年的战争使那个青春蓬勃的印象派小集团四分五裂：莫奈为了躲避战争到英国去了，马奈作为军官出征，雷诺阿也免不了被征募的命运。左拉因为眼睛近视躲过一劫，带着妻子和母亲到了马赛，想和过去大力推荐他的莫里斯·劳克司办报纸，结果失败了，于是转而到埃斯泰克生活。

埃斯泰克是位于埃克斯和马赛之间的一个海边小村庄，

离埃克斯只有30千米。塞尚也在这里，因为他和父母发生了一些不愉快，于是躲到这里，住到了妻子的娘家。他对战争没有兴趣，毫不关心，然而平静的生活却不能继续下去，一场风波已经来临。原来，在1864年柯斯特写信向塞尚抱怨自己不幸被征兵时，塞尚自己其实也在征兵名册上，只不过银行家父亲花钱找人替代他入伍了。可是塞尚没有意识到这个问题，他还是经常出现在老家埃克斯，并且和绅士们聚会。可是那些绅士，早就对银行家不满了，他们嫉妒塞尚家的家产，对这个无所事事的富家子弟更是看不顺眼，于是偷偷向宪兵举报了塞尚当初逃兵役的事。

因此，塞尚作为逃兵被宪兵追查，左拉也赫然在册。当然，这是那些绅士们耍的诡计，因为左拉既不是埃克斯人（他现在已经是巴黎人了），又是已婚者，还是近视眼，根本不符合征兵的条件，但那些举报塞尚的绅士知道，只要找到左拉，塞尚的去向就会很清楚了。

这件事情发生在左拉抵达波尔多的三个星期后，当初和左拉合办报纸的莫里斯·劳克司担忧地从马赛写信给左拉，他说战争开始后，总司令下了命令，搜索塞尚，他们去了“风庐”，塞尚的母亲打开大门让他们检查，并保证：“如果知道保罗的住址就立即告诉你们。”可事实上，塞尚

《埃斯泰克的海边》〔法〕塞尚

《埃斯泰克的雪》〔法〕塞尚

两三天前就走了，至于去了哪里，没有人知道。宪兵去了埃斯泰克，但没有找到塞尚，去邻村圣坦里搜查，结果也一无所获，莫里斯·劳克司猜测塞尚“似乎是离开隐藏地到外面去画山岩、村庄和海之类的风景了”。

热心正直的莫里斯·劳克司不仅告诫父亲保持缄默，当作不知道左拉的去向，而且在区政府下令搜查的第二天跑去区政府，请求打开逃避兵役者的名册看一看，结果他并没有看到左拉的名字。经过一位正派人士的解释，他才知道这是宪兵狡猾的企图。

事实上，这段时间没有人知道塞尚躲在哪里。塞尚消失了，他的生活远离祖国的战争和朋友。不过事后有朋友问他：你究竟去了哪里？是怎样度过这段战争岁月的？塞尚回答道：我哪儿也没去，一直待在埃斯泰克，全心全意投入写生，室外写生和室内制作各花了一半时间。

我们可以猜测，塞尚在战争期间能够逃过一劫，也许是由于他的好运气，也许是银行家父亲的钱袋子再次发挥了作用。

1870 年 9 月 4 日，那是一个星期天，晚上 10 点左右，令世界大为震动的消息抵达埃克斯：巴黎正式宣布成立共和国，实行共和制。在埃克斯的共和党成员欣喜若狂，他们蜂拥而至市政府，宣布最近选举组成的市政府和市议会无效。市长和助理赶过来维持秩序，但一切都无济于事，巨大的骚动使他们出于安全考虑而打道回府。这些共和党成员集中在市议会厅，欢呼新时代的来临，并在这种欢呼中，成立了临时市政府。

市政府的选举人选，是根据原来选举失败的民主主义名册来的。名单上的人物可谓是咸鱼翻身，他们选举了四个人作为临时市长，其中就包括塞尚的父亲和文学家瓦拉勃莱格。新市议会也开始工作。在第一次会议上成立了委员会，塞尚的父亲被选为财政委员，未来的工程师巴耶被选为土木工程委员，瓦拉勃莱格和莱提埃被选为总务委员。

同时，为了使塞尚避开搜索，巴耶和瓦拉勃莱格两人一起参加了国民军组织的调查委员会，一方面干预搜索塞尚的宪兵，一方面抓紧时间私下寻找塞尚的下落。第二年，朋友们终于联络到了躲在某地专心画画的塞尚，一场征兵风波才就此平息。

不过，无论是普法战争还是征兵风波，对塞尚来说，只是过眼云烟，在他的世界里，只有绘画艺术。他在此前后创作的作品中，没有一幅是在户外光下完成的，《侧面读报的父亲》《正面读报的父亲》《弹钢琴的女孩》等画作是塞尚这一时期创作的典型，带有十足的学生味。然而这些画作证明了他对某些有个性的技法和色调曾作过许多努力。

塞尚为父亲画过两幅肖像，即《侧面读报的父亲》和《正面读报的父亲》，两幅画中的父亲都以读报的形式呈现，后者表现得更加成熟、自如。父亲高大的身躯正对着观者，斜坐在椅子上读报，显得悠闲自然。画家把画中人物处理得像米勒笔下的农民，简陋的服装、粗大的双手，同样简陋的背景，除了那把颇为抢眼的椅子，背景墙的唯一物品是塞尚自己颇为得意的静物画作品《糖罐、梨和蓝色的杯子》，这肯定是画家有意画上去的，因为没有人会把画挂在那儿——紧靠墙角的地方。父亲读的报纸也是画家安排的，那是一份塞尚喜欢的报纸，在那上面，塞尚的朋友左拉经常发表文章。父亲的表情很复杂，不知是讥笑、满意，还是无可奈何。显然，塞尚不只是在作画，他还要在这幅画中说一些事情。

《弹钢琴的女孩》画的是塞尚的母亲和妹妹。画中，我们前面看到的那把椅子再次出现，不过这一次它没能成为画中人物的主要道具，而是作为前景摆放在画面的右下方。主要位置上的人物是塞尚的妹妹和母亲。这把椅子的出现，暗示了父亲的存在。在画面的远景中，还出现了另一把椅子——木椅，它也许暗示画家本人的存在。

《侧面读报的父亲》〔法〕塞尚

《正面读报的父亲》〔法〕塞尚

《弹钢琴的女孩》〔法〕塞尚

《田园诗》〔法〕塞尚

这时期的塞尚认为，自己就是个幻想家。他那充沛而诗意的想象力，以超越纯粹的造型为目标，他特别想将其内部的动荡表现出来——我们称为内心视觉。这种视觉并不作文学的概括，而任意选择集中在某一构图中的人物和事物，想努力表现自己……塞尚青春时代的所有一切都以想实现其幻想的欲望为前提。

早期的塞尚就以其热情洋溢的幻想摆脱着“现实主义”。在 1870 年创作的《田园诗》中，他描绘的不是客观自然，而是沉浸于情歌之中的梦幻景象。画中所表现的是一幅沐浴后的场景，三位女子与三位男子在河畔休息，可是此场景却有失文雅：画上的女性全为裸体。虽然普罗旺斯的气候是出了名的炎热，但如此之开放却为当时的习俗所不容。更令人惊讶的是，女士们身旁还有几位衣冠楚楚的男士，其中就有侧躺于草丛中的画家本人。这样的安排不免让人想起马奈的《草地上的午餐》，事实上塞尚就是受其启发而浮想联翩，欣然绘出此画的。

塞尚画这幅画，只挑选了少量的颜料，有绿色、蓝色、褐色和白色，运用明暗对比的手法突出绘画主题。他用清新的颜料描绘人物，最终塑造出人物形象，所用画笔的笔触到处可见。此笔法完全背离美术学院所传授的方法，因为在学院，画家们是在画布上先拟好草图，而后在上面涂抹数层颜料，即在干了的颜料上涂抹。塞尚的做法使其人物看上去显得很粗糙，除两人外其他人形体模糊，面容不清。但画家不愿把实在的场景描绘得过于细腻，而只是想表现水边的一段快乐时光，即朋友们在一种既色情又伤感的氛围中谈话的场面。《田园诗》这一臆想的场景和对理想化的古代社会的追念，因为其形象塑造的简单化和人物姿势在大自然中的矫揉造作，曾激起塞尚同时代人们的指责。然而这幅奇特的画，却沐浴于诗一般的宁静氛围中，这在画家青年时代的作品中是非同寻常的。

塞尚画一幅肖像画要用数百次模特，这样的事决不算稀奇。尽管如此缓慢，塞尚对所获得的结果往往还是不满意。当没有人做他的模特的时候，塞尚就根据妹妹数年来收集的杂志的封面或插图作画。

除了对室内绘画技巧的探索，塞尚还想创作表现户外的作品，这种倾向在他后面的艺术作品中表现得越来越明显，这是由于受了印象派元老毕沙罗指点的关系。

1871 年，普法休战条约签订以后，塞尚和妻子菲克一同回到巴黎，翌年 1 月，菲克生下一个男孩保罗。随后，塞尚携妻儿前往蓬图瓦兹拜访毕沙罗，他是塞尚第二次巴

杂志封面

塞尚临摹的封面

黎之行最重要的收获之一。

与毕沙罗熟识之后，塞尚放弃了多变虚幻的题材，绘画的主题转向自画像、巴黎风景和静物。他进一步加深了对自然的关心。对于塞尚来说，自然蕴涵着所有的智慧和奥秘，但它呈现给我们的一切都不长久，都是会消逝的，因此艺术一定要记录能留住它永恒性质的一面，要能带给人一种大自然的永恒感。为此，塞尚一再强调，在观察物体时，一定要把它们还原到最基本的方体、球体、椎体、圆柱体……这样才可以去掉表面的浮华，使树木、山峦坚固地屹立于大地之上。

在关注自然的同时，塞尚对静物的关注度也大大提高，艺术水平也达到了相当的高度。此时塞尚的绘画风格是粗犷有力的。他喜欢质地厚实的材料和稳固的形状。作画时，他充满激情地在画布上涂抹厚厚的、不规则的一层层颜色，聚精会神地描绘水果的曲线或者增添一些白色，使银制餐具更加光彩照人。后世艺术界普遍认为，最能显示塞尚的正确观察力和色彩天分的正是他的静物画。

塞尚不追求模仿实物的逼真效果，而是讲究材料质地和形状在造型上的高度相似。在静物画《糖罐、梨和蓝色的杯子》里，他选用普通的器皿和水果，把它们简单地排

《糖罐、梨和蓝色的杯子》

列在一起，几乎占据了整个横向画面。对于工作节奏较慢的塞尚来说，听任摆布和不计较时间的静物是最理想的模特。他采用黑色作为背景色，以便更好地衬托出物体的形状和色彩。这幅结构严谨的静物画是塞尚年轻时代的代表作品。他认为这幅画画得相当成功，虽然没有装配画框，但仍把它放进了他给父亲画的肖像画的背景中。后来，看到左拉对这幅静物画颇感兴趣，塞尚就将它送给了他的这位朋友，使其成为该画的第一位拥有者。

《苹果篮子》〔法〕塞尚

此后的岁月，塞尚在景物绘画上的造诣越来越深，那些静物的表现力通过塞尚的绘画甚至超过了著名作家巴尔扎克的言语描述。对于塞尚来说，静物的魅力显然在于它所涉及的主题，也像风景或被画者那样是可以刻画和能够掌握的。在他的后期静物画作品《苹果篮子》中，塞尚仔细地安排了倾斜的苹果篮子和酒瓶，把另外一些苹果随便地散落在桌布形成的山峰之间，将盛有糕点的盘子放在桌子后部，垂直地看也是桌子的一个顶点。在做完这些之后，他只是看个不停，一直看到所有这些要素相互之间开始形成某种关系为止，这些关系就是最后的绘画基础。

这些苹果使塞尚着了迷，因为散开物体的三度立体形式是最难控制的，也很难融进画面的更大整体中。为了达到目标，同时又保持单个物体的特征，他用小而扁平的笔触来调整那些圆形，使之变形，或放松或打破轮廓线，从而在物体之间建立起空间的紧密关系，并且把它们当成色块统一起来。塞尚让酒瓶偏出了垂直线，弄扁并歪曲了盘子的透视，错动了桌布下桌子边缘的方向，这样，在保持真正面貌的同时，他就把静物从它原来的环境中转移到绘画形式中的新环境里来了。在这个新环境里，不是物体的关系，而是存在于物体之间并相互作用的紧密关系，使画作变成了有意义的视觉体验。直到今天，当我们来看这幅画的时候，仍然难以用语言来表达这一切微妙的东西。

塞尚对毕沙罗的评价相当高，称他为“最接近自然的画家之一”，每当与人谈到毕沙罗，也总是说“那位谦虚的巨人”。

毕沙罗亦对塞尚十分关爱，他是印象派中年纪最大的元老，受到大家的敬重。在之后的十几年中，毕沙罗一直鼓励塞尚作画，他曾说过这样一句话：“我们的塞尚给画坛带来希望，他会惊动许多画家的。”

在塞尚的绘画生涯中，毕沙罗的艺术理念给了他深远的影响，以至于塞尚在毕沙罗临死前举办的一次画展目录上写道：“塞尚，毕沙罗的学生。”

第6章：艰难的创作之路

1874年，受“落选沙龙”的启发，以青年画家为主要成员的巴提约尔集团的主要人物提出独立举办画展。于是，在当年4月，巴提约尔集团在巴黎卡普辛大街借用摄影师那达尔的工作室举办了“画家、雕塑家和版画家等无名艺术家展览会”，公开和官方艺术沙龙唱反调。

这次画展共展出了29位画家的165件作品，这些作品以其新颖而具有独创性的形式、题材和技巧吸引了不少观众，同时也受到官方和保守派的尖锐嘲笑。一位名叫路易·鲁罗瓦的记者在杂志上发表了一篇长文攻击这次展览会，借莫奈的一幅参展作品，也是画展中受争议最大的油画《日出·印象》的标题，讥讽参展艺术家是“印象主义者”，印象派由此得名。令保守派们没想到的是，具有共同目标和理想的巴提约尔集团的艺术家们竟欣然接受了这一名称，并将展览会命名为“印象主义画展”。

印象主义画展一共举办了八次，最后一次是在 1886 年。塞尚参加了其中的两届，分别是 1874 年的首届和 1877 年的第三届。毫不意外，塞尚的作品成为反对者攻击的最大目标。同时，印象派中的大多数画家也不能理解他的作品，只有少数人支持他，印象派中最年长的毕沙罗是塞尚最坚定的支持者。

塞尚在首届印象主义画展中选送了包括《缢死者之屋》在内的三幅作品。保守派批评家们对塞尚的作品大肆嘲讽，批评家们认为：“塞尚简直像基督背十字架那样亲自将作品背到沙龙来，恐怕做梦也没有想到他的画会入选。对黄色的过分偏爱，一直在损害塞尚先生的前途。”在《缢死者之屋》中，已经完全没有了塞尚原先惯用的黑重颜色，色彩虽然没有像其他印象主义画家那样耀眼的光色，却很好地表现出秋季的暖色调。从中看得出，塞尚已经能够驾驭印象派的户外光表现方法。在接受印象主义方法的同时，塞尚仍坚持对体积感的研究探索，保留了作品的质量感和对视觉的冲击力，这是画家一生的艺术追求。

《日出·印象》〔法〕莫奈

《缢死者之屋》〔法〕塞尚

画中，右侧高大的屋脊与左侧房屋之间，是急剧下降的道路。在中景方面，只能看到村中房子的屋脊。在这里看不到在印象派作品中常有的那些平坦的原野。前景中巨大的物体阻碍了向远处的眺望，在平和、稳定的风景中，犹如打进了一个大楔子。整幅作品给人的感受是浑然一体、饱满厚重的。

在塞尚的画中，我们找不到传统绘画意义上的立体感、空间感、透视感，可如果你顺着前排一点点向后看去，仍然可以感觉到巨大的体积和深度。后来的人们喜欢把塞尚作品的这种特点称为“平面化的深度空间”。这不过是个方便的称呼罢了，但观众一旦意识到这种原则，再看塞尚的作品，一定会觉得很有趣，因为你的目光顺着画面感觉可以走出好几千米远，而看到后来又猛然发现，最远的与最近的原来处于同一个平面。不过，塞尚这样画的原因可不是要和观众做游戏，而是在思考更深层次的问题。

这一时期，塞尚尝试着创作了一批寓意很强的作品，作品在内容和形式上异常怪异和大胆，充满了浪漫情调。画家本人也多次在作品中出现，体现出画家强烈的表现欲望。这些作品无法归类，不属于当时任何一种流派和样式。很显然，塞尚在探索新的画风，表达新的主张。其中的代表作品有《野餐》和《现代奥林匹亚》等。这是两幅极富挑衅性的作品，它们直接取材于马奈的两幅内容相同的代表作品——《草地上的午餐》和《奥林匹亚》。他要向马奈本人和世人表达两个意思：一是尊敬，二是超越。他的作品甚至比马奈的作品更大胆、更直接。塞尚要传递给人们的是：绘画应该更具想象力，更需要主观的感受，能够表现更多的东西。

《野餐》取材于马奈的《草地上的午餐》。这幅作品画面上并没有出现什么食物，只有三个苹果。其中一个被画面中心的女人双手拿着。女人回头注视着画面前方一个酷似塞尚本人的男人，这个男人做了一个猥琐和暗示的手势。画面中另外两个人，一男一女，还有一条狗，贪婪地注视着地上的另外两个苹果。在画面的左后方，有一对情人正离去。远处还有一个叼烟斗的男子，呈威胁状注视着发生的一切，他架着双臂，位置正好在塞尚模样男人的正上方。

有人认为，这一时期塞尚的创作与他的恋爱有关。他画了很多女性人体，但这幅画中的女人是着衣者。评论认为她代表塞尚幻想中的情人，苹果象征“性”，远处的男子是他的父亲。但作品真正的含义，恐怕只有塞尚本人知道。我们所关心的不是塞尚说了什么，而是塞尚已经做了

《野餐》〔法〕塞尚

什么。塞尚做了一种反叛和超越的姿态，他显然是对马奈轻浮的态度和华丽的表现，既反感又钦佩。他对马奈那似照相般轻巧、空洞的作品却获得了轰动的效果感到愤愤。他用一种更加极端的形式，强调和添加了他认为马奈作品中缺少的东西。结果使他也获得了轰动，那是一种“自杀者”般引起的轰动。塞尚的这种改良作品，被评论家和观众们认为不仅伤害了他们的眼睛，更是伤害了他们的智慧。塞尚不会不知道这种结果，也许这正是他想要的。塞尚用最简单的方法，获得了最大的公众效应。

在展览会吃了闭门羹的塞尚，对自己在巴黎的遭遇已经习惯了，于是他向朋友毕沙罗说了声再见，就回埃克斯去了。一回到埃克斯，塞尚便埋头作画。昔日的老师埃克斯美术馆馆长、画家基伯立刻来看他，原因是“被巴黎的报刊诱发好奇心”，想看一看塞尚的画。尽管这次展览会光彩地失败了，可是塞尚并不灰心，他自信自己是在正确的道路上前进，关于尝试的价值当初就没有想错。

秋天，他又回到了巴黎，给母亲写了一封信，正是这封信，向我们展示了一直用怀疑折磨自己的塞尚，终于开始绽放最初的自信和希望：“我仍在工作，不过不是为取得愚人的赞赏。从庸俗的意义讲，怎么受到赏识也不过是工匠的事业，其结果，作品不过是非艺术的、庸俗的东西。为了愉快地创作出更真实、更聪明的东西，我只有努力把工作进行到底。不管要花费多少时间，我一定要实现自己的志愿，把绘画变成庄严的艺术，而不是空洞的装饰。请相信，总有一天我能获得更热心的、可信赖的赞赏者，你看怎样？虽然现在画一点儿也不好卖，资本家连一分钱也不想从钱包中拿出来，但这种情况没有理由老是继续下去……”

距第一次展览会大约 10 个月的时候，莫奈、雷诺阿、西斯莱、毕沙罗、贝特·莫里索等为了挣生活费，决定在奥狄·德鲁伏大饭店进行作品拍卖。这次拍卖，几家报社给予了同情，作了预告，但拍卖会在公众的骂声中结束，只带来一点卖画钱。

然而这次拍卖，使塞尚有机会和有见识的美术爱好者结识，特别是认识了收藏家维克托·肖凯。肖凯很喜欢雷诺阿的画，通过他，肖凯认识了塞尚。雷诺阿和塞尚经常到这位美术爱好者经营的咖啡馆去共进晚餐。

肖凯是一位海关官吏，是一名中产阶级，同时也是一位热心的收藏家。他的收藏有一个特点：多为第一手收藏，即从艺术家手中直接购买作品。他有德拉克洛瓦的素描、水彩画和油画，而塞尚也是德拉克洛瓦的拥护者。不久之后，肖凯的藏品中又增加了塞尚、雷诺阿及其他印象派画家的作品。肖凯和印象派大师之间的相处十分融洽，塞尚就为他画过许多幅大大小小的肖像画。

第二年，即1876年，和第一次一样，在官方沙龙开幕前的一个月，巴提约尔集团举办了第二次展览会。这次展览会引起了不小的骚动，不少好事者将此次展览会的开幕和左拉的小说《攸杰纳·马卡尔阁下》的出版作了对比。

例如漏尔夫先生在《费加罗周报》上撰文，认为《攸杰纳·马卡尔阁下》“是天才作家的作品，虽然我也觉得不够机智聪明，但那部作品有很大兴趣和决定性的价值”。与此同时，他却认为这次画展展出的是“五六名精神异常者的画，其中有一名妇女，他们是一群疯狂的、被野心迷住的不幸的人”。而这位评论家还嫌讽刺语气不够强似的，在结尾补充道：“他们完全缺少艺术上的一切教育，这使他们与真正的艺术之间有着不可逾越的鸿沟。”

我们对比这种文学评论和绘画评论，可以看到，左拉和他的朋友已经开始逐渐分道扬镳了。这时期的左拉在心理上的兴趣开始突变，他认为他的朋友们太过幼稚，以前是自己想错了。这种现象在第一次展览会开幕时已经初露

塞尚为肖凯创作的肖像

端倪，左拉以忙于写作为由，没有去参加画展。其实左拉一开始的作品也并未被大众所接受，但猛烈的攻击反而勾起了大众的好奇心，打开了小说的销路，所以那些反对的评论家们一致缄默，不再开口。奇怪的是，印象派也不乏猛烈的抨击者，但他们的作品却始终不为大众接受。

当然，印象派也有保护者，比如左拉的朋友丢勒用自己的实际行动参与到展览会中，还准备了关于印象派画家的小册子。在这本小册子中，他把塞尚当作“最近似初期印象派的画家或印象派的弟子”来记述。他写道：“伟大的光线使色调变色，日光受到物体的反射，反射过来的光线，将色调集中在有光的统一体上，它被棱镜光谱的七种光线溶解在光明这一无色的光辉中——他们发现的正是这个东西。”

塞尚在 1875 年以后，已经完全掌握了印象主义的表现技法，色彩运用甚至比他的朋友们更大胆、感受力更强。虽然色层不是太厚，但作品的质量感和形式感并没有减弱，画面的整体感和力量感更强。可以看出来，这位画家已经脱离了自然的束缚，对个性的表达充满了自信，正在向更深的领域探索。

《曼西池塘》〔法〕塞尚

《曼西池塘》是塞尚印象主义时期的标志性作品，是画家生前被拍卖过的少数作品之一。色彩已由印象派早期的金黄色调转变为青绿色调。黑色重新出现在画面上，它被巧妙地用来突出物形和画面的形式感，与青釉般的色彩形成优雅的对比。灰色的桥体和砖色的桥拱完全融合在葱绿的树木之中，使人感到人类早先的建筑与大自然是那么的协调。从这幅画中能够看到，画家已经进入到自然的“里面”寻求更本质的东西。色彩已被归纳，透视已被压缩，画面的光亮，已不是印象主义颤动的太阳光，而是画家的智慧透射并凝固在物体之中的理性之光。塞尚对构成形式的探索，使这幅作品具有强烈的整体感和现代感；作品有意强调了直线、斜线和弧线的对比、呼应关系。挺拔的线条和明净的体块，犹如钢琴重音般地响亮和震撼。不断“转调”的绿色和青灰色则像弦乐一样轻柔、婉转。封闭式的构图、清澈池水的倒影更增加了音乐的回响。它是一幅画，又是一章乐曲，还是一首诗，是一首在幽静池边响起的交响诗。塞尚的作品已经超越了时代，超越了时空，甚至超越了艺术。

1877 年 4 月，印象派画家们组织了第三次团体展览，这时候出现了他们的朋友、新评论家，年轻的乔治・里维埃。他对新艺术采取热烈拥护的态度，因此马上代替了左拉的空位。

这次展览会由雷诺阿、莫奈、毕沙罗和卡攸保特操持，他们一致同意将大厅最好的壁面留给保罗·塞尚。乔治·里维埃出版了《印象派》艺术周刊，在刊物上宣言："为色调而处理题材，不是为题材而处理题材，这里才存在着印象派画家与其他画家之区别。"接着，他还发表了激昂的充满赞美的文章。

他首先从塞尚起笔：十五年过去了，这位被残酷对待的艺术家，一直受到评论家和公众的非难。他们发疯似的嘲笑他，而这种嘲笑，直到今天还在继续。这种嘲笑充满恶意，那些连画笔或铅笔都没有握过的人说，他不懂素描，还反驳他的画不完整。但我认为，像塞尚先生那样的作品是不应该被嘲笑的……塞尚是画家，一个伟大的画家，那些批评他绘画不完整的人，根本不知道那是技巧精湛的结果，就像文学作品那样，非常洗练。再者，色调与色调之间的关系美极了，他的静物画，在真实性中有着某种肃穆的东西。当塞尚面对大自然的时候，他把自己独特的感受融入画里面，极其传神地将它们表现出来。无论如何，我都认为保罗·塞尚是发现"技术与伟大"的极少数人之一。

与这种铿锵有力的赞美词相比，公众和评论家仍然不接受塞尚的作品，他们集中在塞尚为肖凯画的肖像画前，公开嘲笑。他们评论道，在《肖凯肖像》中，头发蓝得发绿，反射出特殊的光彩，胡须中有几颗蓝色的斑点，皮肤上红与黄的色调，嘴巴周围发绿的部分，最后是浮在鼻尖上的明亮的斑点，这些东西使公众张皇失措。

肖凯在展览会上自由散步时，以超强的忍耐力，耐心地对正在嘲笑的观众进行说服："这里才有绘画的真实，有投在一切物体上的光线反射。官方展览会上画家的画中，那种皮肤永远是玫瑰色这一类东西，它们全是在盲目的因袭之下画成的。"即使如此，观众还是觉得好笑。

我们之前提到的那位记者鲁罗瓦先生再次执笔在《喧噪》杂志上呼吁公众：

"先生们，如果你们是与女士一起去展览会的话，那么请赶快到塞尚先生的男人肖像画前来……那一颗奇妙的头，散发着奇异色彩的头，真是好景致呀！它一定会给女士非常强烈的印象。"

《普契·巴里琪安报》的评论，则将大部分观众在塞尚的画前所感受到的东西最认真、不作讽刺地归纳如下：

“保罗·塞尚是个脾气暴躁的、幻想的、真正顽固的人。看了他的《沐浴的人们》《男人头像》和《女人的脸》，便知道自然给我们的印象和作者所感受的印象不同。”

连对雷诺阿、莫奈和莫里索开始有几分宽大的评论家也不尊重塞尚的画，《阿尔提斯托》杂志的主笔阿赛·瓦塞委托乔治·里维埃写关于印象派的论文时，请求里维埃，“为了不使杂志的读者发怒，关于毕沙罗和塞尚的事请不要提到”。

里维埃则一语中的：“在法国，人们对新事物的恐惧心非常强，而且还有一概嘲笑创造性东西的倾向。”

对这次展览，评论家保尔·马西兹作了概括，“他们是一些精神空虚而又顽固地抱着无视他人意见的人，紧闭眼睛，沉重地垂下手臂，面带被侮辱的高傲神色。总之，没有必要和他们纠缠不清”。

事实上，塞尚在1877年展出的肖像画中，虽然因为色彩异常而吸引了公众，但其实那是一种非常明朗而安静的绘画，令人想起了奥斯卡·瓦伊德的话：“用灵魂画出的肖像画，不是模特的肖像，而是画它的艺术家的肖像。”

印象主义使塞尚的创作变得如此丰富，赋予了画作一种新的内涵，突出体现在这次展出的《肖凯肖像》中。让我们不妨认真欣赏一下这幅画。在明亮的绿色背景前，显现着蓝灰色的头发、胡子和外套，以及淡蓝色的衬衫、浅红色的肉体。换言之，即是以浅调子突出深调子。色彩的笔触尽管很粗犷，但由于变化丰富，也形成光的颤动，从而也有助于形象本身的结构。从这种形与色的完美统一中，产生了这个让塞尚和雷诺阿都很敬重的人的形象—— 一个敏感而严肃、面带愁容但意志坚定、内心充满着崇高精神的艺术保护人的形象。

《肖凯肖像》〔法〕塞尚

塞尚在这幅肖像上成功地把作为艺术对象的人和艺术所要刻画的生命力结合成为一个完全的统一体。这一方面有赖于肖凯这个人使塞尚产生了兴趣，另一方面也有赖于塞尚不仅能够看见自然外貌，也能看见人的精神价值。我们把这幅肖像同《僧侣肖像》比较一下，可以衡量出塞尚在这十年内所走的路程，并且看出他的前途无限广阔。

《坐在红扶椅上的塞尚夫人》是塞尚以夫人为模特的最精彩的作品之一，从中可以看到塞尚对印象派光色语言的运用，以及通过笔触、色彩和结构等视觉方式表达主体感受的新的尝试。他极力寻求创造一种稳定、坚实、永恒的艺术形象。这幅画布局饱满，具有一种安详平静的境界，大红的椅子、竖直条纹的裙子以及背景上散落的蓝色小花，使画面充满了温暖、舒适、稳定的气氛。

塞尚连续三次在展览会上失败，无疑重重地打击了他，使他内心感到幻灭。在给朋友奥克塔夫・莫奥的信上他表达了这种失望的情绪："以后，我只在孤独中工作，决不再和朋友一同展览了。"

塞尚之所以下这种决心，是由于他开始再次反思自己。第一，是由于他那怀疑自己的老毛病，这个不用说，而且他对这次展览的收获不够满意，决心进一步用功。第二，是

《坐在红扶椅上的塞尚夫人》〔法〕塞尚

由于他开始懂得评论家和公众的评论并非全部弄错，他的作品中确实存在着素描和配色的缺陷，他接受关于这方面的部分责难。第三，是由于他要实现放弃印象派画展的决心，这是因为公众的示威和嘲笑，自己被认为是个滑稽人；他还担心这样一来便会玷污自己所梦想的真正艺术家的名声。

1878 年到 1879 年，塞尚开始在家乡长住。他进行印象派画风创作已经有七八年了，并认为自己已将光线反射、色彩阴影的分析做到了极致。1879 年 9 月，塞尚在给好友左拉的信中说："我总是尽力在寻找自己的绘画之路。"塞尚在这期间的画作已经基本脱离了印象派。在家乡埃克斯，塞尚找到了创作灵感。他以这里的山村美景为主题，用系列的方式创作，其中最著名也最庞大的一组画作是圣维克图瓦山系列。塞尚酷爱户外作画，他说："田野中人物的对比令人震撼——我看到棒极了的事物，我应该下定决心以后只在户外作画。"

不再和朋友一起展出作品以后，塞尚开始每年给官方沙龙送去作品。为了实现入选官方沙龙的愿望，他牺牲了朋友的展览会所给予的在公众面前展出作品的机会。但事与愿违，他的绘画风格依然为世人所不能理解和接受。倔强的塞尚只能默默地在画板上继续着自己的绘画之梦。

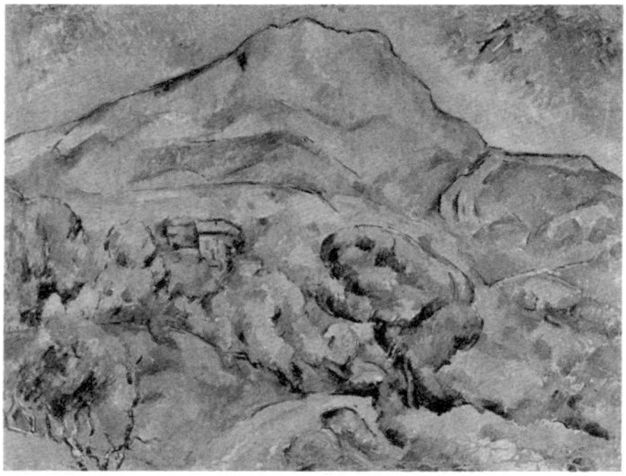

《圣维克图瓦山》〔法〕塞尚

《圣维克图瓦山》〔法〕塞尚

第7章：与好友分道扬镳

塞尚不在左拉身边的时候，左拉总是在著作一出版就送给那位“老友保罗·塞尚”。不单是自己的书籍，左拉还送给塞尚攸斯曼斯、赛亚尔、阿历克西斯等人的著作，以至于塞尚戏称左拉“你在给我收集文学书”。

塞尚不仅是一位特立独行的画家，他在文学艺术方面也有自己独到的见解。他虽然与当时最进步的文学集团不断接触，但他认为“美术家要惧怕文学家的精神，因为它往往会使绘画远离真正的道路——对自然的具体研究，而过分长期陷于无形的思索之中”。因此，塞尚有意限制自己的阅读范围，除了左拉送来的书籍外，只阅读可数的几册书，不过这些书他是不断反复熟读的。在这些书中，排在第一的当然是巴尔扎克的《不知名的杰作》，它是塞尚最爱读的书之一。因为这部小说的主人公费连霍法最能使他产生文学上的共鸣。塞尚经常说，“费连霍法就是我”，塞尚把这位有天才而无力量的奇异画家看成是自己的化身。

塞尚认为奥克塔夫·米尔博是作家中的第一人，同时他也非常尊敬龚古尔兄弟，特别欣赏其作品《马纳特·萨罗曼》。在他最爱读的书中，还有斯滕达尔的《意大利绘画史》。塞尚认为，这是一本缺少细致观察的书，但它拥有丰富的故事和情节，在给左拉的信中，他称“1869 年我曾读过，但那时读错了。现在我已读了三遍”。除了极其有限的小说和与绘画有关的书籍外，塞尚特别喜欢法国印象派先驱诗人波德莱尔的《恶之花》，并能背诵不少。

但如果要说塞尚对文学的鉴赏力，还得回到他的老友左拉。尽管这两个伟大的人物对工作有着相同的顽强和执着，但塞尚生性冲动急躁，而左拉却天生内敛沉稳，这种差异化的性情使两人不免越走越远。他们两人各自以不同的工作方式追求相反的目的，互相埋头于艺术的殿堂。然而，虽然左拉不能把握塞尚的作品，理解不了他的理论和对美的感受，但塞尚却因其少有的艺术天赋和直觉，比一般人更能了解左拉的意图。塞尚往往不只从一般读者的角度来阅读左拉的作品，还以一个画家的视角来批评左拉的著作。

每当左拉把书本送给他时，塞尚一般都会附上自己的理解，不过他一般称之为“不太文学的见解”。对于这个老友的作品，他不是敞开大门无条件接受，而是一一指出其不足之处。他称左拉为“长得太快的孩子”，批评他的作品缺乏纤细，登场人物的心理发展不够。

塞尚、雷诺阿都认为左拉滥用描写，因为按照塞尚的艺术理念，表现一条街、一间屋子、一个人物，不能面面俱到，而左拉却喜欢描写所有的细节。他还对左拉小说中有时不太明确的手法而感到遗憾，因为塞尚喜欢明快清晰的东西，一旦一本书不具备这个优点，他就马上不屑一顾。

左拉是热衷于浪漫主义的，尽管他试图向所谓的“自然主义”发展，但在其内心深处仍是浪漫主义的。他始终在其精神上的“浪漫主义”与现实中的“自然主义”之间斗争着。这种斗争，有时候浪漫主义得势，有时候自然主义胜利。塞尚非常熟悉左拉，深知要使想象力和所创造的人物一致，是多么困难。所以，塞尚指明了左拉作品中的这种二元性。左拉无法理解老友的绘画，他看不到塞尚作品的真谛，却是最早感受到塞尚创造力的人，他在塞尚抑郁苦闷的时候热情地鼓励他，甚至近乎苛责地提醒他。他

《自画像》〔法〕塞尚

们从年少时相约一起追逐梦想，到中年渐行渐远，最终变得形同陌路。随着岁月的流逝，塞尚和左拉的友谊实际上已经名存实亡。

1878 年年初，为了体会真正的静寂，塞尚回到埃克斯定居。但是，他与父亲之间的关系变得紧张起来。

作为银行家的父亲明确地知道自己所希望的东西，并会坚定地亲自去达到自己的目的。但儿子的踌躇和逍遥自在使他完全绝望。与此同时，这位不太有教养的、现实的父亲，根本不能理解儿子的求知欲望和艺术志愿。这位大富翁对提供保罗食宿费一事怀着明显的怨恨，这当然不是可惜那点儿钱，而是情绪上的不满。

这位父亲最不满意儿子的是，已近不惑之年的男子汉还没有能力挣到自己的生活费，需要每月从家里领取固定的津贴。由于塞尚始终不能独立和挣钱养家，于是父亲很自然地把他当作小孩对待了。银行家想行使大家长的权力，因此仍旧拆阅儿子的信，这也是为什么塞尚常常拜托左拉有事就转告母亲，而不是直接写信给家里的原因，他不想让父亲认为他只是个添麻烦的儿子。

塞尚无疑也很了解自己的父亲，知道他根本不允许自己娶一个一穷二白、没有什么家世的女子，因此当初他和菲克是秘密同居的。不过纸包不住火，这件事情到底还是被他的父亲知道了。那是一封肖凯寄给“艺术家、画家塞尚先生”的来信，父亲识破了信中暗示有“塞尚夫人”和“塞尚二世”那样的意思。加上塞尚的掩饰手法十分拙劣，因为他平时都在埋头画画，很少用钱，所以解释不了大笔生活费的去向。于是发怒的父亲宣布，如果是单身汉的话，那么一个月有100法郎就足够用了！但是塞尚抵死不承认有妻儿的事实，为此不惜将生活费压缩到只够维持单身汉生活的程度。但他的妻子在马赛抱着生病的儿子，急需一大笔钱，于是他写信给左拉，恳请给他随便找个什么工作。

慷慨的左拉一方面安慰塞尚，让他不要急于跟父亲闹翻，一方面承诺自己会垫付他需要的任何费用，不用操心。焦虑不堪的塞尚高兴地接受了左拉的意见，还委托他将钱送给妻子菲克。塞尚唯一担心的是父亲抓住有关他与妻子关系的证据，而他的父亲则拼命设法查明其关系。

面对父子间的不合，塞尚的母亲暗中撮合，努力唤起银行家对孙子的渴望，于是银行家的心情慢慢平复了，开始照常给儿子寄生活费，甚至同意儿子结婚。

关于塞尚母亲的事，记载不多，而且塞尚自己也不太擅长画那么优美而慈爱的母亲。但是，母亲和儿子一样忧虑怯懦，她不喜欢做模特，同时也不懂做模特的方法。可以看出的是，母子俩的思想感情完全一致，塞尚也把母亲当作知心人和唯一的靠山。她是个非常聪明、细致、果断的人，又是个泼辣的、想象力丰富的妇女。她身材高大，头发栗色，骨骼刚强，脸面长形，母子俩长相很相似。保罗是长子，母亲不但不给儿子倾注于绘画的热情泼冷水，反而坚信其才能，甚至帮助和激励其才能的发展。如果塞尚从母亲那里继承了她性格的病态特点，那么无疑同时也从那里得到天才。但银行家父亲却更喜欢塞尚的妹妹玛丽，因为塞尚性格粗暴，而妹妹性格文静。

塞尚的母亲知道儿子经常缺钱，于是总是悄悄地拿出私房钱寄给他。她早就知道保罗的秘密，知道儿子秘密结婚，还有了孩子。她偷偷跑去看孙子，还因为是长孙，更觉得可爱。

为了缓和长期的父子摩擦，也为了可以光明正大地看到孙子，她努力撮合着。虽然塞尚早已不爱菲克了，但为了爱子，他最终下决心要与菲克结婚。1886 年 4 月 28 日，保罗·塞尚来到“风庐”，在双亲列席的见证下娶了霍坦士·菲克。塞尚的父母在结婚证上签了名，市政府也登了记。塞尚和父亲的关系开始缓和，家庭气氛也和谐起来。然而，他和好朋友左拉的关系却到了不得不了结的地步。

《戴帽子的自画像》〔法〕塞尚

《戴帽子的塞尚夫人》〔法〕塞尚

塞尚和左拉比谁都亲密，所以左拉的小说中不管怎样虚饰，怎样玩弄技巧，还是蒙蔽不了塞尚。在小说《巴黎的腹部》里，左拉已经把塞尚作为插曲人物克劳德·兰蒂尔来描写了。塞尚当然知道克劳德就是自己，但他觉得很高兴。

但正是将这个人物作为主人公的小说《杰作》的问世，使两人的友谊开始破裂。

1886 年，左拉按照惯例把自己的新小说《杰作》寄给塞尚。这部小说讲述了一个法国的三流画家克劳德·兰蒂尔破落潦倒，放荡不羁，固执己见，最后以自杀告终的故事。虽然塞尚的面貌和风度都不太优雅，但神经却很纤细敏感，具体的表现就是在他相当谨慎的外表下隐藏着无比的自傲。这种自傲不允许别人将自己的隐私以任何形式赤裸裸地告诉别人。塞尚认为左拉小说中“一事无成的天才”克劳德就是在影射自己，他的自尊心以及与左拉的友谊都严重地受到伤害。

俗话说，冰冻三尺非一日之寒。塞尚和左拉的不和除了《杰作》外，无疑还有其他方面，其中一个说法是塞尚融入不进上流社会。

以前，左拉很穷，塞尚到他家就很放松，心情很愉快。

后来，左拉成名了，过上了奢华的生活，塞尚再到左拉的豪宅做客时就感到很拘束了。虽然每当塞尚造访左拉家时，左拉夫妇都热情款待自己，可是塞尚不习惯处于过分热闹和奢侈的环境中，这使他心情很糟糕。

事实上，这种造访是带着相互努力隐忍的气氛的，左拉夫妇隐忍他邋里邋遢的生活习性，塞尚也隐忍着这种过分喧哗的生活环境。只是，两人的兴趣差异日益拉大：塞尚为人内向敏感，喜欢隐居乡下；左拉擅长交际，喜欢巴黎。

其实，在发生《杰作》这一决裂事件之前，他们就曾有过几次短暂的不和。虽说这几次不和，因重新建立的感情和旧情的恢复而和好如初，但这种裂缝在慢慢扩大，就像摔坏的镜子一样，裂痕始终无法弥补。所有种种不愉快的事情累积起来，最终导致了爆发。

看过左拉寄来的《杰作》后，塞尚迅速地给左拉写了一封他们有史以来最短的答谢信，措辞极其冷淡。

我亲爱的埃米尔：

刚才收到了《杰作》，实在谢谢。你给我在《卢贡·马卡尔》中写下了这种美好回忆的证据，我一面缅怀过去，一面请求握手。

那么，受昔日的冲动支配，将一切献给你，再见。

保罗·塞尚

1886 年 4 月 4 日于伽尔坦

在信中，塞尚将一切东西献给过去，以简短、冷淡的方式彻底向昔日的好朋友左拉告别。

从此以后，两人没有见过一次面。此后的六年，虽然塞尚、左拉都表示过对彼此的关心，但再没有见面。

我们看到的塞尚的作品中，最常出现的静物就是苹果，这与左拉也有不小关系。童年时的左拉曾用一篮苹果感谢塞尚对他的保护，两人的友谊自此开始。之后，塞尚就常以苹果为绘画主题，一画再画，他期望用这个最简单的题材，实践自己的风格创新，他甚至想用一颗苹果征服巴黎。

1902 年的一天，塞尚从自家花匠的口中得知，左拉因为煤气中毒而去世。悲痛欲绝的塞尚一连几天把自己关在画室里以泪洗面。左拉的铜像在他们共同的家乡埃克斯揭幕那天，塞尚当场失声痛哭，所有对左拉怀有的不满情绪随着老友的去世而立即消除了。过去左拉曾是塞尚疲惫和困惑时的支柱，而现在，左拉则成了塞尚本人的一个组成部分。

在2013年的纽约苏富比春季拍卖会上，塞尚的《苹果》以4160万美元的高价成交。

第 8 章：后印象时代

《自画像》〔法〕塞尚

塞尚结婚之后的几个月，即 1886 年 10 月，他的父亲去世了。父亲死后，塞尚不断与人谈到对父亲的感激之情，说道："我的父亲真是个天才，他给我留下年金两万五千法郎而去了。"

父亲死后，塞尚和母亲、妹妹一起在"风庐"生活，自己的儿子则大部分时间和祖母待在一起。而妻子因为身体孱弱的关系，总是留在巴黎。事实上，她不太喜欢南法，而是喜欢旅行，偶尔也来埃克斯小住，但她与丈夫感情不和，且因两人性格迥异的缘故，经常发生争执。这时候，塞尚的母亲就充当着和事佬的角色，尽管她也不太喜欢这个儿媳妇，但看在孙子的份儿上，她对儿媳妇很不错，每次菲克来埃克斯小住，她总是亲切友好地迎接她，因此婆媳关系还算融洽、温和。

塞尚对这个妻子的态度非常冷淡，但她是个好模特，能够长时间忍耐身体和嘴一动不动。虽然除了自己的妻子，塞尚不画别的女人，但菲克是被排除在塞尚的艺术圈外的，有时她在塞尚和同事谈论艺术时插嘴，塞尚便会用文雅但充满责难的口吻说："霍坦士，不要作声，你居然糊里糊涂地贸然多嘴。"

无论如何，从塞尚所画的菲克的大量肖像画来看，我们可以想象到，活泼善讲的妻子为丈夫所作出的牺牲还是非常巨大的。因为塞尚画画非常慢，慢到画花只能用假花，因为鲜花很快就会枯萎，画水果只能挑不太会腐烂的，由此可知，菲克在摆姿势的时候，需要付出多大的毅力和忍耐。塞尚画的塞尚夫人画像数量颇多，大部分是半身像，且面无表情。

《散开头发的塞尚夫人》〔法〕塞尚

尽管对妻子态度冷淡，但塞尚对儿子却十分宠爱。他爱儿子，不管儿子做什么事他都会宽容。塞尚对儿子说："纵然你做了什么笨事，也决不可忘记我是你的父亲呀！"

从前，他无法看清自己身上的那些特点，然而现在他在孩子身上找到了，这点令他十分感叹。特别是他身上缺乏的那种实践力、均衡感和大胆，这些他所缺少的东西，却统统在儿子身上找到了，这使他感到很不可思议。

“人生是可怕的。”这是他常常挂在嘴边的口头禅。对于“力弱”的塞尚，他往往本能地去探求可以依靠的精神支柱。在以前的岁月里，他在左拉和母亲那里找到了那种支柱。母亲死后，塞尚倾心于儿子，儿子成为他的监督者、劝告者、商谈对象。儿子替他管理财产，与画商交际。虽然儿子几乎总是在巴黎，但两人常常通信，塞尚会将自己的身体状况、工作和生活中发生的大小一切事情全部告诉儿子。

埃克斯和家庭给他的环境就是如此，它决定了塞尚性格中的一部分，但这无损于他的艺术个性不断发展壮大，直到临死还在考虑绘画艺术。

和母亲在埃克斯“风庐”生活的时候，塞尚能够充分享受自己甘愿的孤独生活，一切琐碎杂事都由母亲来照料。那时，他常常在庭院里工作，植上不少花木，每当春季来临，葱翠的绿色给人们带来了沁人心脾的风景；夏天还未全到，就有七叶树的林荫道了，它们枝叶茂密，遮蔽了一部分房屋；而当冬天来临的时候，从树木的秃枝之间可以远远地看到圣维克图瓦山的侧面。枯树还会倒映在池塘清澈似镜的水面上。

母亲死后，妹妹玛丽担当了兄长的财产管理员。不幸的是，因为继承法规定，1899 年塞尚必须同意“风庐”的拍卖。无疑，这是个极为痛苦的决定，40 年来，他在这里享受孤独，不懈工作，展望周围连绵的葡萄园和圣维克图瓦山。大厅里的装饰画，还是他以青春时代特有的热情画就的，这座房子的一切，都使他想起自己的双亲。

对于必须搬离“风庐”的继承法，塞尚既万分痛苦，又无可奈何，最后他住在埃克斯的鲍列贡街，由仆人勃列蒙夫人照顾生活；他的妹妹玛丽则住在身份高尚的上等人住宅街——圣约翰·特·马尔托寺院附近。

在“风庐”被卖掉的前几年，塞尚想略微改变一下绘画的题材，几经考察，最后选中了皮贝迈采石场。他在那里租了一间小屋。塞尚经常到这间小屋来工作，有时在这里睡觉，或者将它作为作品存放场所。离开“风庐”以后，他来这里更加频繁了。事实上，从“风庐”卖掉的 1899 年以后，不论在埃克斯乡下的任何一个角落，都不能使他怀有真正在自己家里一样的心情了。而这种情况直到 1902 年，塞尚拥有了自己的画室后才得到改善。

塞尚一生都过着简朴的生活，始终无法适应巴黎艺术家们的奢靡浮华。即使继承了父亲的大笔遗产，他也没有像马奈或者德加那样热衷于收藏艺术品，更没有巡游意大利或比利时，瞻仰大师们的作品，连巴黎都去得越来越少。

《采石场的角落》〔法〕塞尚

绘画是他最大的快乐。他不再在乎别人的意见，只求别人在他作画时不要打扰他。

塞尚的生活很有规律，他是虔诚的基督徒，每周去教堂做礼拜，每天作画，不厌其烦地用画笔描绘家乡的景色。他的作品除了在几次展览上出现外，大部分都集中在一家颜料店出售，后来画商沃拉尔就是在这家颜料店里与塞尚的作品结缘的。

塞尚作画时有着超强的毅力和耐心，他要求模特长时间纹丝不动，任何干扰都会影响自己的注意力。除了自己的妻子，很少有人愿意给塞尚充当模特，这也是塞尚作品多为静物画的原因之一。除了画妻子，他还画过很多家乡人，《玩纸牌者》系列是其中之一。

“玩牌者”是欧洲画家作品中常见的一个主题。塞尚创作的《玩纸牌者》系列十分有名，任何一门艺术史课程都会提及塞尚的这组作品。除了一些草稿，塞尚一共画了五幅《玩纸牌者》油画，其中一幅有五个人，一幅有四个人，其余三幅为双人。五个版本的创作时间是美术界一直以来争论的问题，以风格来判断，双人构图的年代应该较晚。除了创出成交天价的那幅双人油画，其余四幅分别收藏于巴黎的奥赛博物馆、纽约大都会博物馆、伦敦的考陶尔德学院和费城的巴恩斯美术馆。

《玩纸牌者》〔法〕塞尚

《玩纸牌者》系列作品被认为启发了绘画的立体主义，画作简约而富有几何性。塞尚一向重视绘画的形式美，画上的人物和桌子一样，都是由一片片色彩组成的，色调千变万化。塞尚主张画出对象的清晰感，反对印象派中忽视素描的做法。为了画面的形式结构，他不惜牺牲真实，经常对客观造型有意歪曲。比如《玩纸牌者》中，塞尚已经不太在意人体解剖上的精确，不顾比例地延长了模特的手臂。

这幅拍出天价的《玩纸牌者》创作于1895年前后，正是塞尚作品终于受到关注的时期。该作品被认为是塞尚《玩纸牌者》系列中“最阴暗”的一幅，休斯敦美术馆馆长加里·廷特洛表示，“在省略了之前几幅中不必要的元素之后，这幅呈现出最根本的样貌”。

画面上两位板着脸的人物是塞尚在普罗旺斯的老乡—— 一个园丁和一个农民。塞尚曾经表示：“观察对象就是要揭示出模特自己的性格。”“我最喜欢那些年事已高的人的模样，他们因循世俗，顺随时务。”在这幅画上，塞尚将两个沉浸于纸牌游戏中的普通劳动者形象表现得平和敦厚，朴素亲切。虽然主题十分平凡，然而画家却通过对形状的细心分析和对各种形式要素的微妙平衡，使得平凡的题材获得崇高和庄严之美。

在画中，相对而坐的两个侧面形象各占一侧，正好将画面占满。一只酒瓶置于桌子中间，一束高光强化了其圆柱形的体积感。这只酒瓶正好是整幅画的中轴线，把全画分成对称的两个部分，从而更加突出了牌桌上两个对手面对面的角逐。两个人物手臂的形状从酒瓶向两边延展，形成一个“W”形，并分别与两个垂直的身躯相连。这一对称的构图看起来是那样的稳定、单纯和朴素。全画充分显示了塞尚善以简单的几何形来描绘形象和组建画面结构的艺术风格。画面的色调柔和而稳重。一种暖红色从深暗的色调中渗透出来。左边人物的衣服是紫蓝色，右边人物的衣服是黄绿色。所有远近物象都是由一片片色彩组成。不同的色块在画中形成和谐的对比。塞尚其实是以所谓的“变调”来代替“造型”，即以各色域的色彩有节奏地变换来加强形象的塑造。正如他自己所言：“当颜色丰富时，形状也就丰满了。”

塞尚曾以一位意大利少年为模特，画了四幅角度不同的油画肖像，而一幅取四分之三侧面角度的肖像画《穿红背心的少年》，是其中最成功和最著名的一幅。在这幅画中，人物的头部倚靠在弯曲的左臂，右臂则随意地垂放在腿上。这种姿势与德国画家丢勒的著名版画《忧郁》中的人物姿势颇为相似。也许，这种姿势本身便带着某种伤感意味。这一姿势在塞尚后来其他一些肖像画中也曾出现过，如《吸烟的男子》《坐在头盖骨旁的男孩》《意大利女孩》等。

在《穿红背心的少年》中，男孩的形象占满整个画面，他那弓形的身躯是整个画面中主要的构成要素。这一形象被牢牢地限定在一个紧密的空间结构中——左侧被窗帘的斜线限定，上端被后部墙上的水平线框住，而右侧则被那三角形的深颜色所限制。弧形的手臂与弧形的身体彼此协调。全画形、色、点、线等因素，均按一定的理性秩序一起组构。为求得画面结构的妥帖与和谐，画家有意改变客观形象的外形及比例。为了保持少年姿势的平衡，塞尚特别“延长”了人物的手臂，加强了画面的纵深感。

在色彩上，塞尚没有强调冷色调和暖色调的和谐及作用，而是利用了“色彩圆周图”的关系。画中那些不同形状与颜色的色块的安排，皆独具匠心。色彩圆周图包括了黄、橙、红、紫、蓝和绿等色调，塞尚让背心的鲜红色与背部浅灰色很协调地相配合在一起，而袖子的白色和裤子的紫色则把红色明显地衬托了出来。

《穿红背心的少年》〔法〕塞尚

最后，塞尚在坐垫的绿蓝色之上画了一张方形的白纸。如果用手遮住这张纸，就会发现，如果没有这张纸，整个画面就失去了光彩，失去了平衡，因此可以看出这一细节具有多么重要的意义了。

从1890年前后起，塞尚开始倾向于水彩画。这对于一幅画不经过长期、多次、反复修改完不成的塞尚来说，是个意味深长的改变。因为水彩画的技法不允许笔触有一点微小的修正，所以，塞尚在画水彩画的时候，一定要完全有信心把握感性上的自然律动，表现出一种肯定，甚至是明确的信心。

实际上，对塞尚来说，水彩画决不是一举施色的素描，而是一切形态从色彩产生出来的工作。他不像以前那样将水彩画画得很纯粹、很本质。对于绘画，不觉疲倦的塞尚有时很性急，有时却很拖拉。

塞尚的手册上画满素描的草稿，但他认为自己所画的素描，不能达到素描的本能，所以并没有展览过或卖过素描。他使用铅笔的时候，或者画下形态和律动，或者决定某个构想，或者练习眼睛……

这些都是纯粹的练习，丝毫不是为完成作品而画素描，除此之外他几乎不使用铅笔。这是因为他的作品不是由长期抽象的冥想产生的，而是由直接观察产生的。从他的理论中，我们知道塞尚最为倾心的不是素描，而是色彩。

如果是描绘色彩不多的物体，比如雕塑或头盖骨，塞尚便努力想从黑白的动态来表现形态，甚至想纯粹按照从白至黑的图表来表现形态。而一旦碰到自然景物的时候，他就完全改变了这种态度，马上停留在属于色彩领域的深度上。

当塞尚故意不用色彩的时候，他不得不用表示各种色彩价值的斑点和铅笔线来代替色彩。可以说塞尚的许多素描都是忘记带颜料箱时画的。在水彩画的草稿上，用铅笔极轻地、不太精确地画一下就够了，因为精确画出树枝和树干的原味只是画笔的任务。

但是，到了塞尚晚年，没有色彩的素描在他作品中逐渐消失了。不用说，这是因为色彩日益成为他艺术的有力要素。水彩画也好，油画也好，素描已经不是色彩的基础和框框了，这样，他当然把素描搁置一旁了。

至此，素描已经丧失侵犯色彩领域的权利了。如塞尚晚年的作品所表现的那样，那种由色彩自由组成的、令人惊叹的高度调和，使铅笔的线条毫无一点儿造型价值。

那么水彩画对塞尚起到什么作用呢？无论静物，还是肖像、风景、浴女群的习作，任何情况下塞尚都牢记画下一个有色彩的形态，所以水彩画是使素描产生色彩的一种表现手段。

除了用水彩使素描产生色彩外，塞尚还使用了一种在水彩画中使人想到油画手法似的技法，即未上色的白叶、使用明亮的斑点、顺次覆盖几个色彩层。因润湿的斑点还没渗透，所以一使用这种技法，只要一个笔触没有完全干就不能再加新的笔触。因此他进展非常缓慢，作为水彩画早已失去了即兴的魅力，却增添了景泰蓝似的辉煌感觉。

塞尚为了在未上色的器皿上画出苹果的原味，或为了给予浴女们的场面以梦一样的气氛，一面使用复杂的技法，一面表现了令人感动的单纯性，这使得这种作品具有了丰富的色调和神韵。

现收藏于巴黎奥赛博物馆的《三浴女》是一幅尺寸较小的画，是塞尚事先计算好，以缓慢的笔法绘出的。画中的三个女人个个身躯庞大，但并非没有一点儿色情意味，这与当时普遍认可的女性美标准是不相符的。不过塞尚之所以这样做，倒不是意在显示人物躯体的美感，而是想表现其举手投足的姿态所显现的力。

画面是一个三角形构图，每个浴女都有自己的动态，背景是一组平行的树干，从人物来看，画面中的三个女人

《苹果与饼干》〔法〕塞尚

《三浴女》〔法〕塞尚

几乎占满了构图，身躯硕大，轮廓非常清晰。背着的浴女伸出了手臂，仿佛要表达一些东西，感觉画面以外似乎还有人的存在；而站立的浴女正要进入水中的时候，就转动了头部，好像在看什么似的；最后是半蹲的浴女，她处在画面的最后边，好像在低头注视着什么。只从浴女的形态上就能使观者联想到许多。

下面从构图来看看这幅画的巧妙，左边和中间的浴女每个人都伸出了一只手臂，其手臂的姿势形成了一组平行线，而画面左上角的树干与中间的浴女又是以一组平行线的方式出现。更巧妙的是，这两组平行线形成了垂直的关系，让画面整个看起来像一个矩形，右下角的浴女弯曲着身体，则形成了一个圆形。塞尚描绘事物的方法就是归纳、概括，用自己独特的方式去分析。在他的画面中，我们能感觉到他所描绘的已经不再是具体的物象或者人物了，而是他笔下的一个个构成要素，一起构成和谐的画面，缺一不可。那么，除了构图的形式与众不同，他对色彩又是如何运用的呢?

画家在画完人物后，以深暗的色调对躯体的若干部分给予了浓墨重描，以显现其轮廓。大块绿色和紫色的阴影，一般是表现女性之细腻肤色所不常用的，但这里却用其将躯体完全烘托了出来；同时涂抹于面庞、肘部、膝盖、脚和手等处的胭脂红色调，也使之显得格外光彩夺目。由此可见，给外形以分量的笔触感是何等重要。这种笔触时而呈圆形，时而呈类似树叶的影线形，可以创造出浓密的网络状和鲜亮的黏稠状，以强调光的存在。相反，人物和树木四周的天空和草地，却通过白、蓝、绿、黄等普通色彩，以流畅的笔法加以处理。

这幅画作上的这些浴女有着非凡的表达力。从她们身上所透出的活力和平衡感，使这幅画成为一件杰作。塞尚通过此作品表达了一种有关户外自然界和生命力的微妙感受。

对塞尚来说，油画对水彩画的影响和水彩画技法对油画的影响是相通的。他大胆涂以很大的斑点，使画布（有时往往能看到画布素地）和纸的素地起着同样作用，即在画布的素地上联结分散的笔触。

但至晚年的最后阶段，他开始使用可以称为“厚抹乱涂”的技法。这种新技法与青春时代和在奥维尔创作时的风格不同，这种不同在于第一层就涂得很厚了。塞尚在画笔上蘸足颜料，涂在有时甚至不打草稿的画布上，让颜料的油被画布直接吸收，除掉了色彩所有的光泽，看不到事先准备的素描，只用密度很厚的纺织品似的斑点覆盖画布，近看像彩色马赛克似的东西。塞尚找到了这种适当的技法，他用这种像从自然中迸发出来的技法竭力地工作。

例如，当他要开始画的时候，“以用多量松节油调薄的深蓝色笔狂热地、大胆地在新画布上作出素描”。一般说来，他的画只是盖着一层薄的色彩，有时在背景中出现画布的素地。

关于这种不涂颜料的技法，1905 年塞尚给他的学生、青年画家贝尔纳尔的信中写道：“我在年老到快要 70 岁的时候，即使梦见光辉的色彩感觉，也不能将它画在画布上，也不能将物体的境界一直追求下去。我不知道这是为什么。”

事实如罗杰·费里所注意到的那样，塞尚“根据自己的想法而停留在作出量感的一点上，进而逐渐变成分解题材所呈现的量感了。因此构成逐渐抽象起来，成为纯粹的精神创造，终于创造了几乎与外表没有直接关系的东西”。

塞尚和所有印象派画家一样，否定自然中的线的存在。他认为纯粹的素描是一个抽象的东西，只有色彩的明暗。塞尚在教导贝尔纳尔时说：“素描由色彩完成，色彩越调和，素描越正确。色彩达到丰富的时候，素描也完善了。

《大松树》〔法〕塞尚

色彩的对照和关系，就是素描与表形的秘密。”因为“所谓物体的形态和轮廓是由其特殊色彩产生的对立与对照向我们表示出的”。

为了更好地把握其对照物，塞尚又如此教导贝尔纳尔：“可以将自然作为球体和圆锥体处理，以透视法观察一切物体的时候，物、面的所有方向集中在中心的一点，给予平行于水平线的线以广度，给予垂直于水平线的线以深度。对我们人来说，自然这个东西比表面更深，从而必须导入蓝色，在用红和黄表现的光线振动中，蓝色足以令人有一种空气感。”

塞尚崇尚自然，他认为，特别在艺术上，任何理论都要切合自然。塞尚留给年轻的后辈们最重要的两点忠告是：一、向自然学习是推进艺术的唯一的正确观念；二、不可过分轻视古代的大师们。

第9章：孤寂的晚年

塞尚一生经常往返于巴黎和普罗旺斯埃克斯之间，但他始终眷恋着故乡。他曾说过："普罗旺斯的土地里埋藏着财富和珍宝，只要你有妙手将它们挖掘出来。"1897年，塞尚返回故乡后，过着隐士一样的生活，即使偶尔回到巴黎，也不想再和谁见面了。他想要逃避与人见面，不管是谁。塞尚的朋友渐渐开始懂得，要尊重塞尚闭门不出的孤独生活。出于这种尊重，他们放弃了拜访。即使数年时间雷诺阿都未曾与塞尚见过面，但为了不妨碍他的孤独，雷诺阿决定连招呼也不打就离开埃克斯。

在家乡，塞尚整天不是出去写生，就是坐在画室里对着静物观察、沉思，很少与外界联系。他耐心而热烈地追求实在的、持久的、永恒的事物，潜心研究事物的内在生命和内在结构、形与色的结合。他每下一笔都要再三考虑，双手颤抖着，一直要颤抖到终于下笔为止。

老年塞尚生活照

塞尚晚年瘦得关节突出，满脸浓胡子，小鼻子隐藏在唇须之中。他喜欢戴一顶破旧的黑毡帽，宽大的外套老是不停地轻微摇晃。56岁前，他是一个落魄艺术家，而1890年以后患上的糖尿病，使他对生活更为苦恼，有时几乎陷于绝望的状态。

“孤独，它才是对我最适合的东西，只有孤独的时候，才不会有谁来统治我。”后来塞尚实现了这句格言。由于完全的孤独，他和别人讲话便觉得是真正的愉快。当心情愉快要表明内心的时候，他便吐露真情，颇为饶舌。他很清楚自己的这一特征，“只要讲得高兴，就非常啰唆，简直像拔掉瓶塞似的滔滔不绝了，实在谢谢”。

然而，饶有趣味的是，最早将塞尚从孤独的生活边缘拉出来的却是一些年轻的作家和诗人。

朋友腓力普·索拉里带来了自己的儿子，这是一个有志于文学的青年，名字还是左拉给取的，他们和塞尚一起远足，登圣维克图瓦山。老友亨利·加斯克也给塞尚介绍了自己的儿子——青年诗人杰奚姆·加斯克。杰奚姆立刻成了塞尚最亲密的朋友。不仅如此，他还给塞尚介绍了爱德蒙·杰罗和克萨维埃·马加隆等年轻朋友。1900年前后，来埃克斯兵营服兵役的诗人列奥·拉戈尔和服兵役后仍旧在埃克斯工作的画家夏尔·吉穆安等人，也加入了这一圈子。

深怀顾虑的塞尚被年轻人诚实的尊敬和赞美动摇了心，也略微活跃起来。这位老画家对这种包围感到高兴，同时青年们以特有的热情弥补了他从同时代人那里受到的蔑视。

有时，塞尚被年轻的文学家们包围在咖啡馆的阳台上，从那里可以望见幽静的米拉保林荫道；有时，塞尚和青年朋友们一起在饭店吃饭。

年轻的画家到塞尚的地方来谈艺术或者聆听忠告，一定会受到塞尚的欢迎。若成了“伙伴”，则更受塞尚的欢迎。他一谈话，就谈到自己在艺术上的探索，而且问别人是否也和自己一样观察自然，他希望自己的想法和理论得以发展。

塞尚的学生贝尔纳尔，如实记录了塞尚如何对待静物的讲话：“首先从阴影开始，其次用饱和的色彩斑点覆盖，最后是调整一切着色的色彩，一直画到使物体浮出为止。”“一开始，用淡得几乎可以说中性的色调开始画，然后不断增添色阶，使色彩感更为紧迫。”“为了更快地达到这个目的，不能混杂太多颜色。”

塞尚在摆静物时也是十分讲究的，有位青年画家在看到他摆静物时曾写道：“他把衬景布很轻地铺在台面上，显得很自然。然后再安排水果，使各个水果的调子形成对比，造成互补色的震动感，把绿色放在红色上，黄色压在蓝色上，斜放着，转过来，如果需要把水果放稳，就用银币把它垫起来。他在做这一工作时是非常仔细和十分谨慎的。人们会以为他是在给他的眼睛摆宴席。”这席话可以帮助我们更深地理解塞尚的静物画。

《有高脚盘的静物》〔法〕塞尚

塞尚在给儿子的信中说："年轻的画家比其他朋友更聪明，老人们只觉得我是灾难的仇敌。"

关于色彩，这是塞尚晚年最关心的理论，在其风景画上表现得尤其明显，可以看出他所追求的东西。

塞尚创作于1902—1906年间的《圣维克图瓦山》，展现在我们面前的是另外一种景象。高傲的山峰依然挺立，但不再是抗争的姿态，雄性的特征也不再明显。被改变的还有孤独的身躯和压倒一切的色彩。取而代之的是一个优雅的"斯芬克斯"，安详地伏卧在地平线上，环视着周围的一切，吸纳着天地的灵气，承载着万物的恩泽。时与空在此交汇，人与神在此相融。黑色重新回到调色板上，但它已不属于光影。绿色依然葱绿，但已不为树木独有。成熟的紫色替代了清澈的蓝色，只有明亮的黄色仍然展示着智慧和力量。在这里，色彩已不是事物区别的特征，也不只是画家情感的波动，而是宇宙秩序和自然构造的显现和抚触。画面上色彩的律动置换了分明的物象；作品中清晰的现实向后退去，模糊的真实向我们走来。"我迄今设想色彩是伟大的本质的东西，是诸观念的肉身化，理性里的各本质。我画的时候，不想到任何东西，我看见各种色彩，它们整理着自己，按照它们的意愿，一切在组织着自己，树木、田园、房屋，通过色块表现。那里只有色块，而在这里是明晰，是存在，如它们所思维的。伟大的古典的地方，我们的外省，希腊、意大利，那里是：明晰化成精神，风景是一种尖锐理性的漂浮着的微笑。我们的空气的温柔抚触着我们的精神的温柔。色彩是那个场所，我们的头脑和宇宙在那里会晤。”

塞尚的每一幅草图、每幅习作、每一个新的决定，都是向开拓绘画世界迈进一步，同时也是向寻求技能、发现大自然的奥秘迈进一步。应该说，塞尚已经获得了这种既诱惑他、又能毁灭他的技能，这是以大量的工作和不停的调查研究为代价的。对每一件作品，他都反复地推敲他认为确凿无疑的东西。

塞尚晚年的时候，不知是为了磨练年轻人的意志，或者弥补自己年轻时候受过的创伤，不管是谁，他几乎对所有接近他的人都要说冷淡话。所以他对那些朋友，比如加斯克、杰福罗、高更、左拉和他周围的年轻画家，甚至是莫奈也都一一批评，多加指责。

不过，加斯克周围的几个作家对塞尚仍保持信任和友爱，如列奥·拉戈尔和路易·奥兰修等。塞尚认为拉戈尔是个非常稳重的人，因此经常和他说一定要来家里玩，因

《圣维克图瓦山》〔法〕塞尚

为塞尚把他当作“精神支柱”之一。他们经常和佣人勃列蒙夫人一起到塞尚独居的鲍列贡街 23 号去共进晚餐。特别是列奥・拉戈尔，他在埃克斯已经住了两年了，差不多每个星期天，这位年轻人总是要到塞尚家做客。

在列奥・拉戈尔的回忆录中，塞尚是个非常亲切的好人，穿着质料上乘的衣服，讲话很天真，吃完一顿饭，总是显得非常疲惫的样子，然后说那句晚年的口头禅：“人生这个东西，真是可怕呀！”塞尚向拉戈尔坦诚，自己是个弱者，不能取得成功。

年轻的马赛画家夏尔・吉穆安，是塞尚的另一个“精神支柱”。吉穆安与拉戈尔一样，都在埃克斯服过兵役，塞尚个人非常中意他。这位怯弱的青年一面热烈地称赞塞尚，一面听他说话。所以塞尚认为这位年轻的朋友理解自己，因此喜欢与他谈论艺术。后来在给吉穆安的信中，塞尚特别以充满父亲那样慈爱的调子给他以绘画上的劝告。

到了这个时候，塞尚就已经很少离开埃克斯了，所以想要与他认识的人都得到埃克斯来。虽然塞尚对接近自己的人总是赞扬他们亲切、有礼貌，但还是会发生那种突然的情绪转变，于是便产生了种种传说，几乎把他说成一个易暴易怒的老怪物，这也十分有损于塞尚在埃克斯同乡人中间的声誉。

要知道，塞尚是那样热烈地希望得到勋章和入选官办沙龙的机会，他始终想得到大众的认可，从未放弃过这一点。他希望向同乡人证明，自己的艺术不是那种老年兴趣班似的消遣，可惜他当时既未被官方认可，也未被同乡接纳。

在人生的最后十年，在被青年画家所崇拜的同时，塞尚终于遇到了一位识货的画商——沃拉尔。沃拉尔首次见到塞尚的画就是在塞尚家乡的那家颜料店。1895 年，这位年轻画商凭借自己敏锐的判断，在巴黎自家的画店里为塞尚举办了首个画展，共展出作品 150 件。这一年，塞尚已经 56 岁了。这个画展对塞尚来说意义非凡，他真的开始征服巴黎。从此，塞尚拥有了不少崇拜者。

1900 年，画家德尼画了一幅巨大的油画《向塞尚致敬》，描绘了一批年轻的画家在沃拉尔的画店里欣赏塞尚作品的情景，画中画架上展示的就是塞尚的著名静物画《有高脚盘的静物》。德尼说当自己在店里看到这些画作时，曾怀疑塞尚这个名字是否真有其人。后来，塞尚在埃克斯给德尼的信中写道："从报纸上我看到了您所作的对我艺术共鸣的作品在国家美术协会展出的消息，请接受我深深的谢意并向加入到您的这个场合中的艺术家们转达我深深的谢意。"八天之后，6 月 13 日，德尼在巴黎给塞尚的回信中写道：“我被您如此抬爱地给我写信深深地感动。没有什么比知道深处孤独中的您知道了由《向塞尚致敬》所引发的轰动更让我高兴的了。也许这会让您明白您在我们时代的绘画中所处的位置、您所享有的赞美，以及众多因为从您的绘画中汲取养分而自称是您学生的包括我在内的年轻人进步的热情，而这是我们永远无法充分理解的义务。请接受，亲爱的先生。”

《向塞尚致敬》〔法〕德尼

1900年巴黎万国博览会举行“法国艺术100周年纪念”美展，塞尚的三件作品入选展出。1904年，巴黎多彤奈画廊举行“向塞尚致敬”专题陈列，并出版了介绍画家的小册子。从此，塞尚的名字才真正广为人知。

1906年，福尔克梵格美术馆的创建人、德国收藏家卡尔·恩斯特·奥斯都斯到埃克斯来拜访塞尚，塞尚很高兴地将他迎入家里。

奥斯都斯是这样描绘这次会面的：

> 开门进入公寓，我一点儿都不觉得屋主的性格有什么怪异的地方，墙壁上干干净净，一幅画也没有。他毫无顾虑地欢迎我们，于是我们就站着攀谈起来。
>
> 塞尚对我们的收集作了若干提问，一提到代表性大师的名字，他就向我们表示敬意，而且开始很融洽地谈了有关绘画的想法。
>
> 之后，他从家中的各个角落里找出几幅画和草稿放在我们面前，说明自己的见解。他说，那是丛林、岩石和山的混合体，一幅画中最重要的是找出距离。要知道画家才能的程度，看这一点就行了。
>
> 他这样说着，手指沿着画的各个方面的边缘移动，给我们明确表示何处取得成功，何处尚未解决，哪些地方不够表现距离，只停留在表面的色彩上。

其后，他谈了整个绘画，提出了霍尔拜因的名字，说霍尔拜因在所有大师中是最优秀的。他强调这种夸奖不是出于对德国人的礼貌，而是事实如此。他说："因为以霍尔拜因为楷模反而不能达到，所以我才选了普森。"

在现代画家中，塞尚非常热情地谈到了库尔贝。他尊敬库尔贝那种不怕任何困难的无限伟大的才能。说他"像米开朗琪罗那样伟大"，但又酌情地补充说："他还不够高雅呀！"

他只提到凡·高、高更及新印象派画家的名字，并简短地评价说："他们略微有些画得较轻松的倾向。"

最后，塞尚开始对自己学习时代的朋友热烈赞扬，以伟大的辩论家似的态度高声挥手叫道："莫奈和皮萨罗，唯有他们才是最伟大的巨匠！"

告辞以前，塞尚请我们下午一定要到正在作画的乡间画室去。我们到了那里，才发现他已经在等我们了。那里有几间空屋和一个大房间，那是画室。我们被请进简朴的屋内，画架上有一幅刚开始的静物，以及老年时代的主要作品《大浴女》。这是一幅精彩的巨作，高大的树干已经下倾，形成一个圆形天棚，在其下面展开了一个沐浴的场面。于是裸体画便成了我们的话题材料。那时塞尚感叹乡下人从狭窄的思想出发，不能取得女性模特。他说明：“年老的残废军人代替所有女性给我摆了姿势。”

“沐浴者”这一主题在塞尚后期三十年的绘画活动中不断出现。这一绘画主题是以流经普罗旺斯的阿尔克河岸为自然背景的。这个“露天”的主题，透过树枝的光线和水中的倒影，好像标志着塞尚一种重返印象派的情趣。但是事实上，图画的结构是以大树的树干构成拱形，裸体人物杂陈的场面为基础。画家的视觉和想象所获得的真实感，在创造一个新的真实体的漫长过程中不断地得到修正、扩展和巩固。这样，塞尚就从树木和裸体者身上获得了愈来愈抽象的各式各样的结构形象。

晚年的塞尚，一度对描绘浴女产生很大热情。他在几幅大型油画中，用异乎寻常的宏伟构图来表现裸女，后来又用几幅水彩画来描绘这种题材。不过他的浴女形象，与其说是刻画浴女的体积，不如说是把这些女性形象用色彩符号来表现。处于中景和远景中的浴女，似乎像梦魂或幽灵一般，飘浮在大自然的中景地平线上。

《男子水浴图》〔法〕塞尚

《大浴女》（图一）〔法〕塞尚

《大浴女》（图二）〔法〕塞尚

《大浴女》（图一）中，在相当完美的结构里——两群浴女在粗大的树干下，左浴女组群一位站着、四位蹲坐在地面上（注意看前景这位脸孔不见了），右组群由坐、躺、蹲、站姿形象浴女构成，其中一位与左浴女组群对话，中央腾出空间，人们的视线从她们所处的河流经由人物，直至远方的森林农庄。

在这幅画中，人体是构图的主要要素，在对物体的大小和颜色进行分析的基础上，人体配合并构成主导那些遮顶的拱形大树干之间的联系和变化。这幅画是用平笔触把颜色涂上的，并利用了人体和树干、河边和云彩的粉红灰与棕色的暖色调以及天空和树木的绿蓝色冷色调之间的对比。每一个色调都是一种颜色接着一种颜色，一层颜色叠一层颜色地涂上去，以显出透明性或空白的留出。

在另一幅作品《大浴女》（图二）中，画家把裸女置于风景之中。主题十分鲜明，但所遵循的艺术原则已不是以前那种敦实的写生态度，而是以粗犷的线条重新组合成一幅带有古典意味的风景画。这幅风景画是塞尚的最高典型意义的晚期作品。其笔触不是先前那种为表现立体结构的表面色彩，而是起着自身的作用。它们交织在画面上，组成一首交响色曲调，同时又服从于整体的和谐。看上去既有结构味，又有色彩的抒情味。西方美术史家说它达到了古典主义与浪漫主义或结构与色彩的综合。可惜他的艺术生涯行将结束。倘若这类作品能进一步发展，很可能在塞尚的艺术探索中会再增加一个乐章。

总之，塞尚在其一生的最后几年里，又复兴了他青春时代的浪漫的冲动。然而，他也并没有放弃他从踏入印象主义阶段之初就一直保持着的和谐、狂热之后的平衡和形与色的感觉。对明暗、体积、层次、空间及其同刻画本身的关系的研究，特别是在自己的想象中创造一个整体，即构成不同于自然世界的“艺术世界”的要求——这一切，促使塞尚创作了众多作品，这些作品不仅本身完美，同时也开辟了美术史上的一个新纪元。

这次访问的最后，塞尚约定将作品送到德国，但最终没有践约。作为一个时代的伟大的画家，塞尚就这样在遗憾中度过了一生，留给后代画家无限绘画角度的可能。

1906 年 10 月 22 日，塞尚照常早晨 5 点起床，拿起画架，到野外去写生。但是，他却没能够再回到自己家里，由于心脏病猝发，他在作画中死去。这一年的年底，人们为塞尚举行了大型回顾展，系统地展出塞尚的作品，并且介绍了他的思想。这个展览使一名刚刚从西班牙的穷乡僻壤来到巴黎的青年大为感动，他便是后来成为20世纪最伟大的天才画家的巴勃罗·毕加索。他从塞尚的艺术中萌发了立体主义的观念，并且广为发展和传播塞尚的思想。大约正是由于这一点，人们把塞尚叫作“现代绘画之父”。

塞尚，这个被社会视为“疯子”、被朋友视为异端的“失败者”，最终获得了自然的犒赏。自然把自己的秘密和美丽赠与了这个执着、真诚的追求者。塞尚是伟大的，也是幸运的，他没有屈从于社会的压力，也没有臣服于自然的威严，他选择了一条超越时代、与自然平行的道路。一个人，顽强地战胜了孤独，在与社会抗争、与自然交流中，用生命和智慧创作出一大批令后世仰慕和深思的作品。在他生命将要到达终点的同时，完成了自己的，也是历史的艺术使命。他留给我们的绘画作品是艺术创作取之不尽的宝库，他源自真诚的批判精神是指引真理追求者的不朽旗帜。他的成功是艺术史上的里程碑，他所开创的道路，通向的是新世纪的现代文明!

《儒尔当的监狱》是塞尚最后的作品之一

附录：塞尚年谱

1839 年 1 月 19 日　保罗·塞尚出生于法国南部埃克斯的商人家庭。

1852 年　以寄宿生的身份进入埃克斯一所中学，与同乡埃米尔·左拉结为至交。

1858 年　听从父亲安排进入大学就读法律专业，但同时在素描学校学习素描。

1861 年　到巴黎专攻绘画，在瑞士画室学习，同时继续和左拉保持着友谊。

1862 年　在巴黎受挫后回到埃克斯，进入父亲的银行工作，但他并没放弃理想，再次开始绘画。

1864 年　第二次来到巴黎，作品又被官方沙龙拒绝，却受到朋友左拉的热烈赞扬。经介绍，与毕沙罗、马奈、雷诺阿等结识。

1868 年　再次前往巴黎。

1869 年　结识年轻模特霍坦士·菲克，并开始同居。

1870 年　普法战争爆发后，塞尚为了逃避服兵役，在离埃克斯不远的埃斯泰克隐居。

1872 年　霍坦士·菲克为塞尚生下爱子保罗。

1874 年　参加第一届印象派画展，有三幅作品参加展览，得到了公众的反对。

1877 年　印象派画家组织第三次团体展览，但是公众和评论家仍然不接受塞尚的作品。

1878 年—1879 年　在埃克斯长住。

1886 年　和霍坦士·菲克正式结婚，但他和好朋友左拉的关系却陷于僵局。同年 10 月，父亲路易·奥古斯特·塞尚去世。

1895 年　在巴黎举办个人画展。

1897 年　返回埃克斯，过着隐士一样的生活。

1902 年　拥有了自己的画室。同年，得到左拉去世的消息。

1906 年 10 月 22 日　保罗·塞尚心脏病猝发去世。

塞尚作品——《风景》